なるほど新島襄

伊藤彌彦 著

萌書房

凡例

一、本書は「チャペルアワー案内」に、連続八〇回、十四年にわたり連載した随筆「なるほど新島襄」を一冊にまとめたものである。

一、「はじめに」の文章は、かつて同志社大学の入試合格者向けの冊子「one purpose」のために書いたものである（現在、同志社大学のホーム・ページ上の「建学の精神と新島襄」の項に掲載中）。

一、刊行にあたり誤りは訂正したが、内容は発表当時のままにしたので、今日からみて時期のずれた話もあることをお断りしておきたい。文末に初出の年月日を記しておいた。

一、文中にある「（全集〇、〇〇頁）」の表記は、新島襄全集編集委員会編『新島襄全集』全一〇巻、同朋舎出版、からの引用を指す。なお、『新島襄全集』の刊行年度は、第一巻・二巻、一九八三年。第三巻、一九八七年。第四巻、一九八九年。第五巻、一九八四年。第六巻、一九八五年。第七巻、一九九六年。第八巻、一九九二年。第九巻（上・下）、一九九四年。第一〇巻、一九八五年である。

一、〔　〕によって示したものは筆者による注記等である。

はじめに

私立大学を創る

新島襄（一八四三―一八九〇）はなぜ大学を創ろうとしたのだろうか。それを解く鍵は明治維新という時代と新島襄の個人史とにある。

明治維新は、政治も社会も生活習慣もトータルに変革しようとする史上空前の世直しが行われた時代だった。もしそこで教育制度が昔のままならば、旧人間が再生産され、旧体制が復活しかねない。だから学校制度を一新し、新人間をつくることは維新の革命を成功させるために不可欠だった。これが一般的事情である。この一般的事情に新島襄の教育にかけた宿志が加わり、同志社は生まれた。

新島襄の生涯は三期に分けられる。第一期は一八四三年二月十二日（天保十四年一月十四日）の生誕から、一八六四（元治元）年、満二十一歳の時に国禁を破ってアメリカに密航するまで。第二期はあしかけ十年におよぶ海外生活。そして第三期は一八七四（明治七）年、満三十一歳で新生日本に帰国し、なぜか私立学校設立事業に邁進し、四十六歳十一カ月、一八九〇（明治二十三）年一月二十三日、志半ばにして旅先の神奈川県大磯で永眠するまで、である。

国禁を破った青年の旅

密航前、幕末の新島襄はけっして幸福ではなかった。すぐれた才能に恵まれ、強い勉学意欲をもっていたこの青年にとって、許された自由はあまりにも少なかった。四角く囲まれた四千坪ほどの江戸安中《あんなか》藩邸がかれの世界のすべてであった。封建制度の抑圧のもとで自分の人生を押しつぶされそうになったこの青年は、ついに、垣間見た新世界めざして生命を賭けて船出したのであった。新島襄が大学創りにかけた夢を格調たかく謳った文章に「同志社大学設立の旨意」があるが、その冒頭につづく一節では、

回顧すればすでに二十余年前、幕政の末路、外交切迫して人心動揺するの時に際し、余不肖《ふしょう》、海外遊学の志を抱き、脱藩して函館に赴《おもむ》き、遂に元治元年六月十四日の夜、竊《ひそ》かに国禁を犯し、米国商船に搭じ、水夫となりて労役に服するおよそ一年間、やうやく米国ボストン府に達したりき……

と語っている。それは今日のように太平洋をひと飛びしてホームステイするのとはわけが違う。試練を覚悟し不安におびえながらも、温かい家庭をすてて未知の深みに決然と漕ぎ出した船出であった。またそれは、一年三カ月におよぶ船上労働に服しながらの青年の自立の旅でもあった。幕末日本での学問抑圧の体験が、のちの学校創りの潜在的動機づけになっていたことに疑いない。

さて十年近くにおよんだ海外生活で新島襄は最良の学校教育を受ける幸運に恵まれただけでなく、岩倉使節団に協力して欧米各国の学校制度を視察する機会に恵まれた。そして文明開化熱のつづく日本に帰国し、わが国の次代をになう青年たちに最善の教育機会をあたえるべく学校設立事業に取り組み、明治八年十一月二十九日、同志社英学校の開校に漕ぎつけたのであった。

自発的結社としての大学

明治二十一年、新島襄は二十をこえる新聞、雑誌に「同志社大学設立の旨意」（以下「旨意」と略す）を公表して大学設立への協力を呼びかけた。この文章は、前半で同志社諸学校開設にいたる経緯を語り、後半で今なぜその上に大学が必要なのか、いかなる大学であるべきかを熱っぽく論じたものである。若々しい気魄のこもった名文なので、ぜひ一読をおすすめしたい（『新島襄全集1』同朋舎出版、また『新島襄 教育宗教論集』岩波文庫、参照）。この「旨意」は毎年、同志社大学の入学式で朗読されるが、今でもそれを聴く時、胸の高まりをおぼえる同志社人も多いのだ。

なぜ新聞雑誌を通じて天下に訴えたかといえば、新島襄は私立大学を「人民の手に拠《よ》って設立」することを考えたからである。当時大学と呼ばれるものは、官立の東京大学一校のみだった。これに抗して、全国の賛同する民間人の手によって、つまり自発的結社という新しい組織原理によって大学を創ろうとしていた。自発的結社といえば、「同志社」つまり〝志を同じくする人々の約束による結社〟という名前自体この理念を示している。福沢諭吉の慶應義塾も同様の結社で、当時はこのような試みが可能だったのだ。

教育権を国民の手に

ではなぜ新島襄は官立大学に抗して私立大学が必要だと考えたのだろうか。それは第一に、人は自分で自分の子供を教育すべきだ――今日流にいえば、教育権は政府にではなく両親に属している――と自覚していたことによる。

吾人は教育の事業を挙げて、悉《ことごと》く皆政府の手に一任するの甚《はなは》だ得策なるを信ぜず、苟《いやしく》も国民たる者が、自家の子弟を教育するは、これ国民の義務にして、決して避くべきものにあらざるを信ず

と記す。この「国民の義務」を「政府の手に一任」することは「無頓着にも、無気力にも、……依頼心の最も甚だしきもの」だとも語っていた。幕末の藩主に強制された不自由な勉学と、新世界における自由という対照的な体験をして得た信念であった。「私立大学同志社」は、あくまでも「全天下に訴へ、全国民の力を藉《か》り、以て吾人年来の宿志」を実現すべきものであった。この精神に意気投合した青年たちも多かった。古くは徳富蘇峰や山崎為徳が東京の官学を辞めて同志社に集い、その後も柏

木義円、安部磯雄や山室軍平などの人物が続々と同志社に進学したのはこの新島襄の私学の精神に共鳴したからだといえる。

人為脅迫的な官立教育に対する警鐘

また第二に、「明治十四年の政変」のあとで明治政府が文教政策を保守化させた事も、これまでにもまして新島襄に私立大学の必要性を自覚させた。文明開化期の教育が物質主義や道徳の混乱をひき起したとする批判が世間にたかまった時、政府側は、儒教主義的教育を復活させた。これに対して「旨意」では逆に、徳育はふかく西洋文明の「由《よ》って来《きた》る大本」にまでさかのぼるべきこと、「キリスト教主義」を同志社教育の「基本」に据えるべきことを提案した。

なかでも新島襄は森有礼《ありのり》文相の軍隊式の徳育教育に危機感を募らせていたと思われる。それは「一国の青年を導いて偏僻《へんぺき》の模型中に入れ、偏僻の人物を養成」している。その「人為脅迫的」官立教育から育つのは「薄志弱行の人」、オドオドと権威に弱い小者、型にはまったロボット人間――あの権力偏重の江戸時代とおなじタイプの人間の再生産――ではないか、と心配したのである。だからこそいま、私立大学が必要なのだ。「天真爛漫として、自由の内自《おのず》から秩序を得」る人間を育てる教育、青年の自主性や能動性を育てる自由教育は私学で行うしかない。「生徒の独自一己の気象を発揮し、自治自立の人民を養成するに至つては、これ私立大学特性の長所たるを信ぜずんばあらず」と私立大学同志社の使命を天下に訴えたのだった。

自由人が主人公である国に

最後に新島襄の国家観と教育観について触れておく。新島はかつて「政府転倒するも、人民必らず国を維持し、日本ネーションを失わざるべし」（「記行」全集5、八八頁）と書いた。明らかに「国家」と「政府」の区別を知っていたのである。だから明治政府を批判しながらも、国家、ネーションを尊重した。その時の国家イメージとは「平民国家」、デモクラシー国家であった。「旨意」のなかで、

一国を維持するは、決して二、三英雄の力にあらず、実に一国を組織する教育あり、智識あり、品行ある人民の力に拠《よ》らざるべからず

といっている。少数エリートではなく、中堅人民の諸活動の積分的集合が近代国家を構成するという見識をもっていた。同志社大学の卒業生たちは「或は政党に」、「農工商に」、「宗教の為に」、「学者に」、「官吏に」と、要するに市民社会で主体的に活動する「千差万別」の人民に育つことを期待した。そしてまた「近きに迫まり」くる国会のためにも人物育成が急がれると考えていた。

新島襄が予定した「人民」とは、自立的主体性とパブリック意識を有する存在であったが、その根

底では、なによりも自由でのびやかな「良心を手腕に運用する」人間をつくろうとしていた。

独自一己の見識を備え、仰いで天に愧《は》ぢず、俯して地に愧ぢず、自から自個《ママ》の手腕を労して、自個の運命を作為するが如き人物

の養成が目標であった。良心、つまり個人の内面的価値判断を、政府よりも、集団よりも、校則よりも、何よりも優先させようとした。まさに自由人の原理である。私立大学同志社を創り、自分が自分の主人公である青年を育成することこそ、真の日本の将来に必要だと考えていたのである。

目次

なるほど新島襄

1

三者三様の異文化体験

開国前後に西欧文明を「体験学習」した人物として、新島襄と森有礼《もりありのり》それに熊本バンドを代表させて海老名弾正《えびなだんじょう》の三人をあげてみよう。新島は元治元（一八六四）年、満二十一歳で日本をはなれ十年間を概してアメリカで修学した。十八歳の森有礼は翌慶応元（一八六五）年、薩摩藩留学生として密航、イギリスで二年、アメリカで一年修行した。また海老名弾正は日本にいながら西欧文明を体験学習をした。すなわち校門を入るとそこはアメリカという熊本洋学校に明治五（一八七二）年十六歳で入学し、四年間学寮生活をおくった。

この体験学習を通じて、三人は西欧文明の水準の高さに心を奪われた。また三人とも西欧文明の外観の底に、それを生みだした根源力としてのキリスト教の存在をみてとった。そして三人とも明治の教育事業に献身した。しかし後日この三者が実行した教育は、微妙に、あるいは大いに違っており、その分岐点には三人が体験したキリスト教の質の違いが影を落としていた。

森有礼はニューヨーク州の山野で、T・L・ハリスが開いた神秘主義教派のコロニーに溺れた。

「ハリスは教会ではなく、『共同体』を組織した」（林竹二）。私愛を断ち、神（の代理ハリス）に絶対服従する生活は士族気質と共鳴し合った。この森有礼が文相となった時、かの神の代わりに国家をすえ、師範学校を整備して、自立心なき教師、「国家の道具」を養成した。

海老名弾正は、ワンマン校長L・L・ジェーンズの下で、整然と体系化された知識、宇宙の理性的秩序、それを創造した神を認識した。一言でいえばかれが獲得したのはヘーゲル的世界観であった。またジェーンズは規律で時間・空間を統制する陸軍士官学校ゆずりの生活習慣を伝えた。ここに学んだ海老名は終生、有機体的国家観をもっていた。

これに比して新島襄が体験したのはニューイングランドの自発的結社としての教会であり、デモクラシーの組織原理であった。長老派教会との合併をめぐって新島と海老名は鋭く対立した。次の引用書簡が示すように、その際新島は自分の所属する組合派教会のために合併反対したのではなく、教会という小社会を自由で何でも言える自発的結社型自治組織にしておきたかったからである。

あながちコングリゲーションと申すにあらず、自治自由共和平等主義を取るものなり。……教会政治は之を以て基礎となし度候《たくそうろう》（一八八八年十二月三日、押川方義宛書簡）

（一九九七年六月二日）

2 青年時代の落書き

酔いて唾壺《だこ》をたたき伏櫪《ふくれき》を歌えども、満腔の磊塊《らくかい》自ら堪えがたし。　漠々斎

（文久二年十九歳のときの代数学ノートへの落書き）

社会体制が、百年一日、停滞したままなのに学校制度だけが充実していくとどういうことが起るか。優秀な人材が育つのに受け皿がないという、学校と社会のミスマッチが発生する。この問題的状況には二方向の解消法が考えられる。優れた個人を抑圧して諦めさせる方向と、社会体制を変革する方向である。幕末、諸藩は藩校をつくり、人材育成に乗りだしていたから、この種のミスマッチは深刻だった。だからこそ不満をかかえた下級士族による維新革命が起ったともいえる。しかし政治情勢が動きだす以前においては、能力抑圧の力学が志士の心身をふかく内攻した。

青年新島襄もこの種の抑圧にさいなまれた典型であった。その思いを文久二（一八六二）年、満十九歳の新島は代数学ノートの扉に落書きしている。江戸にある上州安中《あんなか》藩の藩校で優秀だった新島襄

は満十三歳の時に、蘭学修行の三名の特待生の一員に選ばれ、洋々たる前途が約束されたかにみえた。しかし翌年、藩主が学問に理解のない板倉勝殷に移ると運命は暗転した。また元服後に就いた玄関番の職務や父の藩務の代行にも不満であった。時間をみつけてはあくまでも蘭学、英学、数学、航海学等の新学問を学んで将来にそなえようとしていた。しかし勉強をつづけながらもそれが実人生と結びつかない不遇意識にさいなまれていたことは「漢々斎」と自らを名乗る一端にもうかがわれる。

この落書きでは自分の心境を中国の『世説新語』豪爽編の話に託して語っている。「王處仲は、酒をのむたびにすぐ『老驥伏櫪、志在千里、烈士暮年、壮心不已〔老馬が馬屋につながれたままだが、なお千里の志をもっている。烈士は年老いたが、意気なおさかんである。曹操の詩〕』の歌をうたいながら、思いのままに唾壷〔たんつぼ〕をうつので、壷のくちがぼろぼろに欠けてしまった」という古事である。自分もまたこの古事のように酔って唾壷をたたき、伏櫪を歌うけれども、胸中は不満一杯で爆発しそうだ、というところであろうか。

この青年に転機が訪れたのはこの年文久二（一八六二）年十一月、洋船快風丸に乗って江戸―岡山間を往復する二か月の船旅の幸運をえたときである。新島の視野と野心を拡げた旅であった。この旅と抑圧の体験が二年後の密出国、渡米の起動力となっていったのである。

（一九九七年九月十七日）

3

米欧諸学校の巡視

一八七二年四月七日、新島襄は学校視察先のフィラデルフィアから父民治宛に次のような手紙を出している。現代語に訳して紹介してみよう。

……さて先達てお手紙二通で申し上げました通り、私は今度の岩倉使節団の米国ご到着以来、田中不二麿《たなかふじまろ》文部大丞《だいじょう》に随行して、米国およびヨーロッパ諸国を歴覧して、学校制度・組織のことを調査するよう依頼されましたので、その間、自分の学校〔アンドーヴァー神学校〕を休学して田中公と一緒にいろいろな学校を巡察しております。右のために自力ではなかなか訪問できない有名大学や名所古跡などを見学し、かたがた学問のためにも、身体の保養にもなっております。右のことで決して家郷の双親のことを忘れたわけではございません。私の出奔のことでは、さぞかしいろいろご心配されているだろうと山々察しております。それを思うと気の毒千万でことばを失います。しかし息子の脱奔は双親を忘れたからではなく、以前から国家の不振を憂い、万民苦労の有様を憐れみ、少年の狂気を抑えることができず、はるか海外にまで飛び出してしまい、結果として双親にご心配をかけることとなりました。しかし息子として忠と孝の二つを同時にみたす道が無いわけではありません。この地で学んだ学問と聖道を志ある日本の子弟に伝え、かつご両親へ海山のご恩を報いることをすれば、全くの親不孝の子ではないと存じます。……（全集3、一〇一頁）

すこし長い引用になったが、この米欧諸学校視察旅行から新島襄が得たものは多い。第一にこれによって西欧の学校制度にいちばん詳しい日本人となったからである。もしこの学校巡察に参加していなかったら、はたして後年あれほど熱心に大学設立運動を起しただろうか？　と想像する。

また身勝手な密出国をしたという負い目意識を親にも藩にももつ新島襄に、それを克服する道がひらけた。祖国に「この地で学んだ学問と聖道〔キリスト教〕を志ある日本の子弟に伝え」る、という学校事業家の道である。それは親と明治国家へ、忠孝二つともみたす方法だという。

木戸孝允《きどたかよし》、伊藤博文、森有礼、田中不二麿ら明治新政府要人との人脈も生まれた。なかでも文部省にあって、教育と国家の分離の真の意義を理解していた唯一の人物、田中不二麿と意気投合していた事実は、私学同志社設立の意味を考えるうえでも意義ぶかいものがある。

（一九九七年十月二十三日）

4

大学建学の目的

「同志社大学設立の旨意」（『国民之友』第三四号別冊付録として、一八八八年十一月公刊。全集1、一三〇頁以下）は、新島襄が大学設立の宿志を全国の人民有志にむかって訴えた文章である。同志社大学は、この創立の意思にもとづいて建てられた自発的結社であり、作為型目的集団であるという誇るべき出発点をもっている。この「旨意」は何度も何度も稿を改め、さいごに徳富蘇峰が文飾を施してできあがった。

「旨意」のなかで、新島襄は維新革命によって新しい国になった日本には、「人民の手に拠《よ》る」大学が必要なことを切々と説いていた。

「吾人は教育の事業を挙げて、ことごとく皆政府の手に一任するのははなはだ得策なるを信ぜず、いやしくも国民たる者が、自家の子弟を教育するは、これ国民の義務にして、決して避くべきものにあらざるを信ず」と。

つまり、現代風にいえば教育権は親にあるもので、国家にあるのではないこと、を日本人に教えようとしていた。自分の子どもを親自身の手で教育することが「国民の義務」なのである。それを政府にゆだねると「国家の奴隷」にされるというのである。新島襄自身いくたびも明治政府から任官のさそいをうけながら、これを拒みつづけて、民間自由人として教育事業にとり組んだ人であった。

とくに一八八〇年代後半から保守化し始めた政府の教育方針に批判的であって、それを「一国の青年を導いて、偏僻《へんぺき》の模型中に入れ、偏僻の人物を養成するがごとき」といい、国家教育がかえって「一国を禍《わざわ》いする」と心配していた。戦前日本の教育に通底する欠点を、その出発点ではやくも見破り、それゆえに「私立大学を創らないと日本が危うい」と考えていたのである。

その私立大学は、儒教風徳育ではなく、「活ける力ある基督教主義」道徳にもとづいたものであった。そして生徒に期待したのは、「天真爛漫として、自由の内おのずから秩序を得、不羈《ふき》の内おのずから裁制あり、すなわち独自一己の見識を備へ、仰いで天にはじず、俯して地にはじず、みずから自個〔己〕の手腕を労して、自個の運命を作為するが如き人物……」となることであった。

ひとことでいえば、自分が自分の主人公である自由人、自分の人生を自分で作為し、しかも見識をそなえて世の中に活動する人物に、未来の日本を託そうとしたのである。このような見識ある創立者に恵まれた大学は、ほんとうに幸せである。「同志社大学設立の旨意」は読みかえすごとに新鮮な息吹きを伝えてくれる。

（一九九七年十一月二十七日）

5

キレやすい少年

新島襄の魅力のひとつは、かれが反逆児だったことである。ただし現代からは想像しにくい組み合わせなのだが、幕末、少青年期の新島七五三太《しめた》〔幼名〕の反逆は、親や藩の意向に反して「勉学志向を貫く」という形態で行われた。

心臓病が深刻であり死期がせまっていることを知らされた、一八八八〔明治二十一〕年七月二日の日記〔「漫遊記」全集5〕のなかには、そっと自分の一生を顧みた一文が残されている。そこには「……又米国ニ趣《おもむ》カサル前十年間ノ苦学、父ノ意ニ反対シ、主君ノ意ニ反対シ、全藩主ノ誹謗ニ無頓着ニ勉強セシ事……」とある。

新島襄がなぜ反抗的であったのか。またなぜ勉学志向が強かったのか。この二つの態度のインセンティブを探ることは興味ぶかい。反逆についてみれば、新島襄の個人的資質も無関係ではなかろう。かれの生涯をみると、何度も〝キレル〟寸前の体験が見出される。脱国のために乗船したベルリン号船中でも。説教中に蔵原惟郭《くらはらこれひろ》から野次られた時にも。また有名な「自責の杖事件*」などにも感情の非合理的爆発がみられる。

しかしまた少青年期の新島においては、徳川幕藩体制の抑圧という社会的要因もつよく作用していた。徳川社会の天下泰平とはとりも直さず天下停滞のことであり、それは天下退廃に他ならなかった。それは能力ある青年や志ある青年を反抗に立ちあがらせた。多くは尊王攘夷の志士として政治革命に参加した。そして青年新島襄は脱国の壮挙に人生を賭けたのであった。

新島襄の偉さは、第一にこの種の反逆が建設性と結びついて、したがって社会性を帯びて、行われたことであった。第二に新島襄が偉くなり管理者的地位についたあとでも、反逆児の精神を大切にし、そのような行動にでる青年の心情を評価しつづけたことであった。これらに関しては稿を改めて紹介していこうと思う。

（一九九八年四月一日）

＊　一八八〇年四月（開学五年目の三学期）、入学時期が異なる二年生の二クラスの英語の授業を合併したところ、先行組が反発し、授業放棄に及んだ。合併は中止され、校則違反した先行組の処分も未然に撤回されたが、撤回の翌朝の礼拝（四月十三日）で新島襄は、「今回の紛争の責任は校長たる自分にある。よって校長を罰する」ともち込んでいた木の枝で自分の掌を激しく叩きつづけた。この行動は、その場にいた学生の心的状態に強く訴えるものがあり、のちのち義挙、新島精神として語り継がれた。

6 なぜ大学か

新島襄の後半生は、伝道事業と大学設立運動のふたつの事業を、ほぼ時期を同じくしながら精力的に行うことに使われた。ここでは、ではなぜ大学設立を唱えはじめたのだろうか、を考えてみる。その一因は岩倉使節団、田中不二麿の教育視察を手伝って、米欧の教育制度を見聞きしたことにある。岩倉使節団到着に先だって、森有礼駐米公使は、高名な合衆国教育関係者たちに、〝近代国家にあたえる教育の効用〟のアンケート調査を行った。回答者の多くが森の問うた教育の功利的機能に異和感を示し、「役立つ人間」以前に「良い人間」の育成の必要性を説いたという（吉家定夫『日本国学監デイビッド・マレー』玉川大学出版部、一九九八年、七三頁）。その後、訪問地の高官の案内でかれらは各国の諸学校を視察することができた。

新島はそこで、アジアの小国の眼前に圧倒的な高さでそびえ立つ西欧近代国家の秘密が、「国家」「文明」「キリスト教」の三者の結合にあることを、認識した。「同志社大学設立の旨意」の中で、「今や我邦に於ては、欧米の文化を輸入するに際し」、たんに文物制度の輸入にとどまらず「その文明の由って来《きた》る大本」を学ぶべきだ、と発言したことがこれを裏付けている。

さて、明治十二（一八七九）年夏、最初の同志社英学校卒業生一五名を輩出して以来、卒業生のその後の進路先が問題となった。多くが同志社バイブルクラスに進学せず世俗主義の東京大学に進んだからである。「私共の良き宣教師の友人達は聖書をあまりにも多く教えようと試みて、科学の教授を軽視してきました。多くの将来有望な少年輩は大いに失望し、私共のもとを離れて、キリスト教の感化力をもたない東京の学校へ行きました」（原英文。一八七九年九月四日、A・ハーディー宛書簡、全集6、二〇〇頁）と。だから逆に新島襄は同志社の中に「科学」のカリキュラムを備えた大学を設置する作戦をたてた。科学を教える教授育成のために下村孝太郎をアメリカ留学させ、アメリカの篤志家の寄付を得てハリス理化学館を準備した。

「キリスト教主義」なればこそ自分が自分の主人公である人間、「良心を手腕に」用いる人物が育つのであり、その下でこそ「文明」は進み「近代国家」としての日本も形成される。明治日本にすぐ必要なのはそのような大学であることを確信していたのである。


（一九九八年五月十一日）

7 いつ大学設立運動をはじめたか

たとえ大学づくりの願いをもってはいても、一私人が雲をつかむような夢に人生をかけて本気で設立運動を開始するには、よほどの契機があったはずである。いつ何を機に運動をはじめたのかを探してゆくと、次のような文章をみつけることができた。

明治十四年十月中旬ノ事ナリキ、大和国大滝村ノ農土倉庄三郎氏其実子ヲ伴ヒ立憲政党新聞ノ古沢滋氏ト襄ノ宅ニ来リ二子教育ノ事ヲ委託セラル、偶々《たまたま》談大学ノ事ニ及ビ古沢氏尤《もっと》モ大学ノ必要ヲ談セラル、襄亦私立大学ノ要旨ヲ語リ且同志社ニ於テ其計画アル事ヲ談セシカバ土倉氏之ヲ賛成シ応分尽力セン事ヲ約セラル、（全集1、一八五頁）

ここに登場する土倉《どくら》庄三郎は奈良県有数の山林地主で自由民権運動を支援する名望家であり、同志社が諸設備を整える時にも多大の寄付をよせた人物であった。この日は子息二人を同志社に入れる相談で新島邸を訪れたのだった。案内をした古沢滋《うろう》は明治七年の「民撰議員設立ノ建白」にも連署した改進党系の政治家、この二人の民権系民間人と新島襄が意気投合した時に私立大学設立運動がはじまったのであった。

何よりも明治十四年十月中旬という日付が注目される。「明治十四年の政変」が実行されたのが十月十二日であり、政府が国会開設の詔勅を発したのが翌十三日、この詔勅は『日ノ出新聞』（『京都新聞』の前身）にすぐ転載されていたから、新島ら三人の間では、国会開設が話題になり、その文脈のなかで大学設立が熱っぽく論ぜられたと思われる。あの「同志社大学設立の旨意」のなかに「今や二十三年も近きに迫れり、……立憲政体を維持するは、智識あり、品行あり、自から立ち、自から治むるの人民たらざれば能はず、果して然らば今日に於て、この大学を設立するは実に国家百年の大計……」とあることが示すように、国会開設にそなえた人物づくり、が意識されていた。政治活動の目立たない新島襄であったが、大学設立運動の始点には自由民権運動が濃厚な影を落としていたといえる。

（一九九八年六月十日）

8 発見した別世界

『新島襄全集3』のなかに、一八六七（慶応三）年三月二十九日付で父親宛に出された長文の手紙がある。アメリカに来て一年八か月め、前に出した手紙が日本に着いたかどうかも分からないまま一年たっていたが、日常生活の様子を細部にわたって伝えた大変楽しい手紙になっている。これによると非常に幸福にアメリカ生活になじんでいることが分かる。しっかりした食事の後には、カステイラ、プリン、パイ、果物の砂糖煮などを食していることも報告、きっちりしたニューイングランドの上中流家庭の良い面を体験していることが伝わる。

そこで新島襄が感心している光景に、「土地は寒くして、日本に劣り候へども、肥土をよきに施し候ゆえ」収穫が多く、それを穴倉に保存して春先にも食べる工夫がある。また氷厚き厳冬の地に住みながら、火炉で石炭をたき、「春風の内に有るかと思われ」る室内、しかも煙突のおかげで煙に苦しむこともない家、外出にはラシャの上衣とゴムの靴、子供は食事の時間を忘れてスケートを楽しむ光景が活き活きとえがかれている。つまり日本よりもきびしい自然を、人間の政治力で克服して充実させている世界を発見していた。

道は馬車の行く大道と人の行く小径に別れ、「車に足をひかれ馬にけらる、等の心配」のないこと、三セント払うとアメリカの北から南まで手紙がとどくこと、大学、神学校、村学校、婦人学校、無料学校、貧院、病院などの施設のゆきわたっていることに感心している。そしてそっと「嗚呼仁政の支那日本に勝《まさ》れる事ここに於て見るべし」と小さく割注で追加している。草稿では普通の大きさに書いていた字を、小さくしたのは幕府当局の眼を意識したためかと思う。しかし危険を冒しても「仁政」の欠けた日本に何が必要なのかを新島襄は伝えたかったのである。市民社会の充実した国アメリカに生活してみてはじめて体感したことであった。

「この広大なる世界をわずか三寸四方の物」と思っている者には分からないが、「国禁をも犯し、……瓢々と異国へ渡」った「小子不肖」にできた認識であった。「帰錦海山の恩を報」じ「国家の為に万分の力を竭《つく》さん」と志す新島襄の理想とした国家とは、「仁政」のゆきわたった文明国家、市民国家であったことは明らかである。

（一九九八年九月三十日）

9 官許同志社英学校の創立

新島襄が十年ぶりに日本に帰り着いたのは明治七（一八七四）年十一月二十六日であった。そして明治八年正月は、大学づくりの希望とともに始まった。「小子義今ニ東京ニ在留、大阪表へ発足前種々〔田中不二麿〕文部大輔殿と談判致し、此のたび兵庫表ニ於て大学校相立つる目的もこれ有り候間、……先ず十に七分は成就の事と存じ候間、……」（明治八年一月一日、新島民治宛書簡、全集3、一二三頁）と。

もし帰国が五年早かったらまだ藩制度が残り、あの木戸孝允ですら先頭切って秩序不穏因子として〝ヤソ〟の取締りを行い、殉教事件が起きている最中であった。

またもし帰国が五年遅かったとしたら、国会開設をもとめる民権運動の高揚を前に、明治政府はみずから実行してきた開明進取政策の行き過ぎにブレーキをかけ始めていた。早すぎても遅すぎてもキリスト教主義の学校づくりは失敗した可能性が大きい。明治七年の帰国は、文明開化の真只中であり、洋学校づくりにもキリスト教布教にも絶妙のタイミングであった。こういうのを「神の摂理」というのだろうか。

大阪に来た新島は元気そのもので「一嚢《のう》（肩掛けカバンであろう）を帯び一本の杖と一本の傘」（四月四日、新島民治宛書簡）をたずさえて徒歩によって、奈良、宇治、琵琶湖、比叡山、そして京都三条橋の旅館へと六日がかりの行程をこなした。京都では旧都の再開発に意欲を燃やす槙村正直京都府大参事の知遇をえ、府政顧問山本覚馬との間で学校建築のために「匆々《そうそう》六千坪程の土地を買受くへき談判ニ相成り」、「……私の心願も近々ニ成就すべきと御楽み下さる可く候、若し真神の御恵憐ニ依り此事件出体ニ及び候ハヽ、私ニ於ても本望遂げ候故、少しく大人《たいじん》（父民治のこと）ニ対し孝児の端を顕《あらわ》すに足ると存じ奉り候。かつ数年間外国ニ遊学御苦労相かけ候罪を僅ニ洗ひ候と存じ候」（六月八日、新島民治宛書簡）と、すべてトントン拍子に進行した。そして長年気にかかっていた親にたいする負い目も晴らすことができたのであった。

そしてこの延長線上に、明治八（一八七五）年十一月二十九日の同志社英学校の開校があった。それを「官許」と断ったところに、当時の新政府と新島襄との蜜月関係をしのばせるものがある。しかしこの「官」は「ネーション」と連動したイメージであって、後の天皇制国家のそれとはひと味ちがうことも記憶しておくべきだろう。今年は開校から一二三年目にあたる。

（一九九八年十月二十八日）

10 慶応三年のクリスマス・メッセージ

今から一三二年前（一八六七年）のクリスマス、新島襄は四通の手紙をまとめて祖国に出した。弟双六《そうろく》、母とみ、父民治そして安中藩の上司飯田逸之助の四人宛である。通信制度のない時代の貴重な連絡であるから、四通の内容を書き分けて、しかも相互に読み合う可能性を想定して全体でメッセージが浮かぶように書いていた。この年の秋からアマースト大学で勉強しはじめた新島は、二か月の授業の後の休暇を利用してこれらを書いた。この点については本井康博氏の解釈によると、新島の書簡は休暇中に書かれたものが多く、これは学期中は勉強に追われて時間がなかったためであろう、という。

四通を比較すると、まず文体の違いがみられ、それが家族たちとの人間関係の微妙な差を浮かび上らせてもいる。最初に十二月二十四日、弟と母に書いたのは書き易かったからだろう。父と飯田氏へは翌日、気合いを入れてしたためている。

弟宛には日常生活の注意を列挙した。キリスト教と洋学の必須、万人に読める字の使用、詩作・

酒・煙草・遊女の禁止、身体の清潔、一酸化炭素中毒予防、食材の選択、散歩、入浴の温度といった具体的教示のなかに、襄のアメリカでの日常生活がしのばれる。母宛には、とくにやわらかな文体で、自分の件でくよくよせぬようさとすように、脱国後の旅の様子を知らせ、肖像写真を同封している。父宛には、自分をめぐる友人（沢辺数馬と福士卯之吉など）への連絡、世話になっているハーディー氏へ「機嫌を失はぬ様」に礼状を出すこと等、自分の社会関係維持のための適切な用件を伝えている。

一番内容があるのが飯田逸之助宛のものである。自分の身を、「真神の臣にして、我日本の民」であると語り、徳川将軍に対しても「欠字*」を用いず、安中藩の「俸禄を甘ぜん事を嫌ふ」とする。そしてアメリカの学校制度を紹介し、「日本の農夫」も「〇〇と斉《ひと》しき人間なり」と、「政道」やデモクラシーを論じている。

おもしろいのはアメリカのキリスト教を、「ポルトガル人の教へし天主教とも違」うと強調した点である。またアメリカ人は英人とちがって植民地を作らず、「只々至聖の道を万国へ拡め、共に其道を楽しみ、共に有無に通じ、厚く兄弟の交りを為さん事を望むなり」と絶賛した点である。新島襄のアメリカ認識の原点、文明観の原点はこの辺にあったようである。

（一九九八年十二月一日）

＊　天皇将軍などの名を書く時、敬意を表してそのすぐ上を空白にすること。

11

脱国時までの新島研究のこと

新島研究のむずかしさの一つは、時代によって本人の残した資料の量が大きくちがうことである。「書簡の人」といわれる新島襄であるが、その書簡も前半生には少なく、晩年に近づくと等比級数的にふえる。最後の一年間の手紙が二五六通も残っているのにくらべて、生誕から満二十一歳で脱国するまでの間の書簡はわずかに一二通、しかもその中の一通は手本をまねた九歳時の礼状、二通は偽作の可能性を指摘されたものである。この時期、これ以外に残っている資料で『新島襄全集』に収録されているのは「玉島紀行」と「函館紀行」のみである。

したがってこれまでの新島研究の脱国までの話は、本人によって後日、記された二つの自伝的手記によって埋められてきた。それらは、「脱国の理由」と「マイ・ヤンガー・デイズ」であって、ともにA・S・ハーディー著 *Life and Letters of Joseph Hardy Neesima* に収録されているものである。『新島襄全集10』（北垣宗治訳）、筑摩書房の『明治文学全集46』（児玉実英訳）に翻訳がある。どちらも明快な現代語訳であるが、江戸時代に関する記述においては児玉訳の方が正確であると思う。

たしかにこれら二つの手記は新島自筆のものではあるが、執筆動機が異なった作品である。「脱国の理由」はボストン到着直後に渡米修学の希望を切々と記した嘆願書であり、「マイ・ヤンガー・デイズ」は晩年に回顧録として書かれたものであるから、両者ともそれなりの制約をもった資料として扱う必要がある。これら少ない原資料の文言をもって、幼年期から二十一歳までの一貫した意識と看して、一般化し固定化してしまう危険性には特に注意しなければならない。資料の空白期を空白としてとらえる態度が必要だと思う。

ところで、脱国までの新島青年の残した資料で、他にあまり手のつけられていないものがある。それは幕末期の筆写ノート類である。そこにある蘭学、英学、数学、航海数学、操船術、さらには余白に書かれた落書きなどを分析して、当時の洋学水準と比較することによって、青年新島の学問的関心についてかなり見当がつくのではないだろうか。

幸いいま、同志社社史資料室では、これらノート類をふくむ原資料のデジタル化が進行している。それはやがてインターネット上で万人に公開される予定である。これによって科学史家や蘭学研究者による新島研究が充実する日も近いのではないだろうか。

（一九九九年四月六日）

12

タイプの女性は日本にいない

……大阪に参りましたが、私の妻にふさわしい者は見つかりません。どうも私には生涯妻をめとることは無理かと思います。それに毎日多忙につき妻探しまで工風《ママ》する時間も持てず、この件は当分延期するしかありません。しかしこの分では、日本国中を探しても私の意に応ずる者は居ないだろうと心配しております。私は決して顔面の好美《よき》にこだわりません。ただただ心の好《よ》き者で学問のある者を望んでいます。日本の婦人のごとき〔陳腐な〕女性とは生涯共にするとは一切その気になれません。……（原・文語体。明治八年三月七日、新島民治宛書簡、全集3、一三〇頁）

この手紙は、十年ぶりに日本に帰国した新島襄が、その三か月後に父親に書いたものの現代語訳である。文面から、父が息子の嫁の心配をしたことに答えたものであることが分かる。この時新島襄は満三十一歳、長男だったから、親としては当然の心配であった。この返事のなかで新島襄の女性観、そしてアメリカ生活で発見した女性像の一端がはしなくも物語られていて興味ぶかい。

思えばアメリカに到着してからの新島襄は、二十代のほとんどをアメリカ社会で暮した青年である。学寮、下宿、そしてたびたび招かれるニューイングランドの上流、中流家庭を味わった。このような社会体験を十年近く積み、クリスチャン・ホームの何たるかを体験的に認識し、同時にその家庭をとり仕切る見識と独立心に富んだ女性に出会ったのであった。それは主婦だけではない。ミス・ヒドンのように独身を貫きながら人間的に成熟し学識ある自立的な女性にも出会った。

ひるがえって帰国後の日本女性をみると、わが母を含めて日本女性にたいして物足りなさを感じていたのである。「心の好き者」と「学問のある者」を基準にしてみると、当時の日本女性のなかには、自分の結婚相手にふさわしい者はいないのではないか、と相当この手紙では悲観的である。

ここから新島襄は日本で女子教育、新しい女性を育成する事業に着手する。ミス・ヒドン宛に「われわれはすでに女子の学校（Female training school）をはじめました。あまりに小規模なので、京都ホームと呼ばれています」（全集6、一八〇頁）と書いたのは、早くも一八七六（明治九）年十二月二十五日のことであった。

（一九九九年五月十八日）

13

実に蒸気の力盛んなる事に御座候《ござそうろう》

一八六九（明治二）年五月十日付父民治宛の手紙（全集3、六八頁以下）、を見てみよう。「日本において大変革」が起った情報を得て「日本の形勢」を知りたがりながらも、「小子よりたびたび文通」することが「万一政府へ相知れ候はば、かえって御身の御為にも相成るまじく」と親の身を案ずる用心を忘れない。まだ明治新政府が新島襄の運命に吉とでるか、凶とでるか不分明の時の書簡なのである。

この手紙は、アマースト近郊の工場を視察して得た情報を伝えるものであった。まずスプリングフィールドで、ゲベール・ピストルの製造所を見学している。そこでは鉄の鍛錬、切断、抉《えぐ》り、さまざまな場面に「蒸気じかけ」の機械が工夫されていることにいたく感心し、図解をそえて報告する。とくに百挺の銃を分解し、部品を混合しても百挺の銃を組み立てることが出来ると、規格化による品質管理法に着目している。

さらにチコピーの町では溶鉱所と綿布製造所を見学し、足をホリオークにむけて洋紙製造所を訪れている。工業にたいする関心はこのように旺盛で、かつそこで得たこれぞと思われるノウハウをていねいに紹介し、図解も多くそえている。このていねいさは、のち日本国で同様の製品を造ることを意識していたからであろう。

当時のアメリカは「蒸気力」を用いた産業革命の真只中にあったといえよう。なかでも汽車が注目されており、「アメリカの東界より其の西界カリホルニヤ迄の蒸気車鉄路今日出体に相成り候よし、ただ今承り候」とホットなニュースを書きそえている。これでボストンから六日目にはサンフランシスコに着き、そこからは蒸気船で二十一日で日本に行けると伝えている。

新島襄がアメリカ文明を支えているものとして工業力に強い認識をもっていたことは、帰国後の大学設立運動の中で「理学部」の必要性を早くから唱え、教員育成、施設建設を準備することにつながった。それが下村孝太郎を育て、ハリス理化学館の建物を実現させた。今日の工学部（現、理工学部）の礎である。

（一九九九年六月十五日）

14

帰路日記のこと

最初に地球を一周した日本人は誰だろうか。それは太平洋、大西洋とアメリカ大陸横断を必要とするから、大陸横断に鉄道が活用されるようになった一八六〇年代のことになろう。あるいはそれ以前にも、欧米を巡回していた無名の旅芸人一行が一周した可能性はある。

函館→インド洋→喜望峰→ボストン→北米横断鉄道→サンフランシスコ→横浜と移動した新島襄は、地球を初めて一周した日本人の十指の内にはいるだろう。西廻りルートでは、最初の日本人かも知れない。ただし薩摩藩留学生の数名、例えば森有礼の方が早かった可能性はある。東廻りでは岩倉使節団の田中不二麿が、横浜→太平洋→鉄道などを乗り継いで北米横断→渡欧、そこからインド洋を渡って帰国したから、新島より早く地球一周を果している。

それはともかく『新島襄全集7』は英文日記編である。この中にはマサチュセッツ州アンドーヴァーを発ち、大陸横断鉄道でサンフランシスコに至り、さらに船で横浜に着くまで、つまり地球一周の後半にあたる道程の日記が読み易い英語で載っている。

脱国時の「航海日記」が聡明なテーラー船長のもとでキリスト教文明に出会う自己成長の記録であったとすれば、この帰路「日記」はしだいにキリスト教文明から遠のく記録である。それは以下のように、新島襄の宣教助手としての今後の任務の重さをサタンに試された日記として読むこともできる。

ボストンを発つ時の情景は感動的である。この希有の青年を愛し別れを惜しむ人たちが、心をこめてせん別を贈り、ある者は一緒にニューヘブンまで同行した。ハーディー氏などはそこでも汽車が動きだすまで車内に止まり、別れを惜しむ共感が双方に漂った。空気が聖霊に満たされるとはこんな光景であろう。

ところが列車がオグデンなど西部開拓地に着くと、貧しい中国人や荒らくれ白人男たちの世界で、新島の試みた布教はほとんど通じなかった。いわばこれはワイルド・ウエスト（未開荒野の西部）における原始状態との出会いであった。

太平洋上の船中はもっとたちが悪い。日本女性を口説くための日本語を仕込んでおこうとする複数の西洋人から話しかけられた。とくにあるドイツ人医者は性欲は神の贈物で〝はけ口〟が要ると合理化してみせ、新島襄と論争になった。文明社会の退廃性との出会いであった。新島はオリエンタリズム志向の白人に対して、日本武人としての憤りをもったのではあるまいか。

（一九九九年九月二十九日）

15

襄の心に詩の涌くとき

小川与四郎著『新島襄の漢詩』(同志社新島研究会刊、一九七九年)という小冊子がある。読んでいるとなぜか元気が湧いてくる不思議な本で、ときどき読み直してその気概に浴している。小川先生は長らく同志社香里中学校・高等学校の社会の先生であった。新島襄の漢詩について、作詩の状況が「多くは、折にふれて日記に記し、また極く親しい人にのみ書き送ったもの」であるという。また、作風としては「詩は志を言う、詩人の詩に非ずとも、丈夫の慷慨こそ愛すべく、吟じて最も快なるものとしたといえるだろう」「青年期に養った志士の詩の風を終生持ち続けたといえる」「紛れもなく短詩型的激情の上州人」と指摘している。本当にその通りだと思う。

つまり新島襄の漢詩は文人趣味、文才を世間に示すための作品ではなかった。心のなかに自然に発した感慨を他人に伝える時の、もっとも相応《ふさわ》しいコミュニケーションの方式・言路が漢詩であった。「この作は予勉《つとめ》て作りしにあらず。一日慷慨の余まり勃々乎《ぼつぼつこ》としておのずから発せしなり」(一八八五年五月三十日、蔵原惟郭宛書簡、全集3、三四八頁)とあるのはこのよき証言である。

漢詩のほかに俳句や短歌もつくった。その短歌のなかにあの

いしかねも透れかしとて一筋に　射る矢にこむるますら雄《お》の意地　（全集4、三二九頁）

とあるのをみると、短歌もまた漢詩をつくった時と同じく内面性を吐露する形式だったのではないだろうか。

私たちが新島襄を思い浮かべる時に剛直な武士の姿を描きやすいけれども、その連想のもとは、案外このような漢詩・短歌とあの肖像画の額の傷から来ているのではあるまいか。いずれにせよ内面を語るコミュニケーションの形式が漢詩であるからには、漢詩をしたためた時の新島襄には注目すべきだと思う。

ところで新島襄には「二十四歳（数え年）から四十一歳にかけて（漢詩が）一首もないこと」を小川先生は指摘する。渡米後なぜ作詩をやめたのだろうか。そしてまた晩年どんな心境の変化で再開したのだろうか。謎である。ピューリタン社会の芸術活動禁欲の傾向とか、西洋文明と日本文化回帰のこととかいろいろ想像がふくらんでくる。

（一九九九年十月二十九日）

16

洋食文化の輸入

外国旅行の楽しみのひとつは、今も昔も、珍しい食物との出会いにある。明治維新のころはじめて洋食をたべた日本人たちの感想の多くは好評であった。新島襄の洋食に関する記録は、一八六七年三月二十九日付の父新島民治宛書簡にある。食物をめぐる異文化接触の貴重な記録である。

箸の代わりにナイフ、フォーク、スプーンなどを用い、食物はパン、牛の焼肉、豚のむま煮、羊の肉汁、卵の油いり、種々の野菜など、折々は魚肉などを用い候。食後の菓子はカステイラ、プリン（小麦粉に砂糖とブドウなどをまぜ、湯気にて蒸しかためたもの）、パイ（小麦粉を適度にのばし、種々の甘いものをつめて焼いたもの）、林檎、桃、梨、葡萄の砂糖煮、種々の干菓子、折々は米を牛乳にて煮詰めよき蜜をかけ食用いたし候。飲料は茶（中国茶日本茶など）、コーヒー、チョコレート、ココーと申す実などにして、ミルクと砂糖を加え用い候。さてこの国にては医学がひらけ人々は養生の道をわきまえ、決して菜漬、たくわん漬、豆妙りなどのごとき消化しがたき物は用いず候。……なにとぞ父上もやわらかき食品に相成り候物を御食用なられ……（全集3、三四―五頁）。

これをみると新島襄はセンイ質の多い日本食に否定的になっていたことが分かる。当時の日本には、欧米人への身体的劣等感から動物性蛋白質を強調する議論があった。現在でも立食パーティーの料理や高価な弁当ほど、これでもかこれでもかと肉魚を盛り付ける悪習として定着している。ただし新島襄の食事観は肉食偏重でもなかった。創設期同志社の寮食について、徳富蘇峰は回想する。

日本人の食性などは、全く無視して、予等にとって意外な食物を与えた。第一主なるものは、マッシと云って、皮ぐるみに挽きたる小麦の粉のねりたるものであった。……その次が豌豆を煮たるものであった。……その次は麦の中に牛肉の塊《かたまり》を入れて煮、而《しか》してその牛肉は引き出して細かく切り、菜葉《なっぱ》と共に汁をこしらえ、麦は各々の茶碗に盛って喰べた。而して一週間に一回パンを各々二切づゝ、給与せられた。それが非常なる馳走であった。……（『蘇峰自伝』中央公論社、一九三五年、七九―八〇頁）。

この食事は学生たちには不評で、やがて食堂騒動に発展するのであった。

（一九九九年十二月七日）

17

文明の基《もとい》

自分が生まれ育った世界とまったく異質のもう一つの世界を目撃してしまった知識人が幸福であるとはかぎらない。まして自分の育った世界よりも、新しく発見した世界の方がはるかに進歩しており優れていると思われる場合の対応は複雑である。

祖国と縁を切って先進国に住みつき個人的救済に成功する者もあろう。あるいは祖国に帰り着き、そこに厳然と存在する格差の巨大さに途方にくれる悲劇は、たとえば現代のアフリカ諸国の知識人に生々しい。ながい鎖国のあとに米欧文明世界を目撃した新島襄や岩倉使節団のような明治の知識人も、そそり立つ西欧文明の高壁をまえに、おなじ問題に立ちすくんだはずである。

そんな時代を生きた新島襄がなぜ絶望感や虚無感にとらわれなかったのかを考えてみる。信仰をもつ者の強靭さがそこにあった。また維新変革の真只中に帰国し新国家づくりという可能性の時代に活動できたことも大きかった。

新島襄の論理では、東洋か西洋かの地理的宿命論は、前近代から文明国への歴史の進歩の論理に読みかえられることによって解放され、日本は改良可能な素材となった。そしてその時に米欧で目撃し体験した知識が生かされることになった。

明治十三（一八八〇）年二月、岡山県高梁《たかはし》で行った「文明ノ基」という説教にその処方箋をみよう（全集1、三四五頁以下）。現代語に意訳するとこうである。「日本国家が貧国弱兵であることを心配する必要はない。それよりも〝文明の基〟を立てることが必要である。家を建てるのに土台が要るように、基を立てれば、自由も得られ文明も得られる」と。ここにいう「文明の基」とは新島襄がクリスチャンホームやアマースト町で体験した生きたキリスト教を意味していた。キリスト教の空気の下で人間は文明化し、国家は文明化すると説く。つづいて「女人教育」「小児教育」の必要性を説いた。家庭には成熟した女性が必要であり、国家には人物が必要だからである。

こうして自発的社会が生まれ、自治教会自治教育が定着し、近代文明国家にいたるはずであった。ところでボランタリー・アソシエーションは徳川封建制を脱したばかりの日本人にとってもっとも理解しがたい観念であった。その言説が人びとに定着するにはなお一二〇年、阪神・淡路大震災の時までかかったのであった。

（二〇〇〇年四月七日）

18

新島襄は「成功したる渡辺崋山《かざん》」

山路愛山《やまじあいざん》が新島襄を「成功したる吉田松陰」と呼んだことはよく知られている。しかし幕末期の青年新島敬幹（元服名）の足跡を追ってみると、むしろ松陰よりも渡辺崋山《かざん》を連想させるものがある。

佐藤昌介によると「崋山は、おさないころから藩務につかなければならず、……十六歳からは隔日勤務となったものの、日勤同様、繁忙のうちに明け暮れた。かれは、わずかな余暇をぬすんで画作に精進し、……睡眠時間は四時間ないし五時間で、画作や読書、それに内職に時間の大半をついやしている。……画業に専念しようとしながら、藩籍離脱にふみきることができなかった優柔な自分を責め、……身の不運をかこっている」（「解説」『日本思想大系55』岩波書店、一九七一年）とある。

青年新島襄もまた、せっかく藩主から蘭学修業の三名の特待生の一人に選ばれていたのであったが、藩主が交代してみると運命は逆転した。学問修業の機会をうばわれ、さらに藩務に就かねばならず、不遇意識を高める不本意青年となった。しかし新島の場合は大胆にも「父の意に反対し、主君の意に反対し、全藩士の誹謗《ひぼう》に無頓着に勉学」（「漫遊記」全集5、三四七頁）をつづけて、周囲の人とまさつをひき起す問題青年でもあった。新島襄の理解者が次々と病死した安政五（一八五八）年にそれはピークに達した。「私はこの世の中にほとんどたった一人で、助ける人もなく、とり残されたような感じた」（「私の若き日々」『明治文学全集46』筑摩書房、一九七七年、三三頁）と述懐している。

しかし、「航海術」を勉強していたことが幸いして、強運をつかむことになる。元治元（一八六四）年三月八日、洋船「快風丸」に乗り組んで函館修学に行くことが本決りになった。それは安中藩から十五両の修業科を賜って出発した合法的離藩であって脱藩ではない。周到に周辺を、とくに父親を動かして、離家離藩に成功したのであった。

渡辺崋山のように家老の家に生まれ要職にあった者とはちがい、下士の無名青年であったことも、専門が画業でなく英学であったことも脱出を有利にした条件であったといえよう。しかし何よりも優柔不断で状況に流される弱い性格ではなく、周囲とのまさつを恐れずに自己を貫こうとした強い性格が、強運を呼びこんだのであった。

（二〇〇〇年五月十六日）

19

逸脱青年と償い意識

幕末から明治初期にかけての時代は、もっとも意欲的でもっとも良質な青年たちを、逸脱行動に走らせた時代でもあった。その時の逸脱行動の典型は「家出」と「脱藩」であったし、逸脱の動機づけが「学問のため」であることも多かった。親や藩主の許しを得ぬままに少なからぬ者が、学問のために故郷を抜け出していった。そしてE・H・キンモンスによれば「家出した青年たちは、逸脱を正当化するために、自分自身が成功し、故郷に錦を飾らなければならないという、大きな圧力をうけることになった」(『立身出世の社会史』玉川大学出版部、一九九五年、七六―七頁)。つまり家出や脱藩の償いとして「故郷に錦」を約束することが、当時の逸脱青年の典型的な意識構造をなしたのであった。

青年新島襄が行った離家脱国の行動においても右の、逸脱→家族への負い目→帰錦の約束の図式を明瞭にみてとることができる。祖父、父母、弟ら家族への償いの意識が強烈だったことは書簡の文言に何度もあらわれている。函館到着直後の書簡(元治元年四月二十五日、全集3、一二頁)には〝武士の思ひ立田の山紅葉　錦さらして祖父に見すらん〟という「例のふき出し歌」(感慨が自然に涌いて生れた歌）を祖父に送った。早くも函館修学段階で勝手な逸脱行動を自覚し、この家出の償いを帰錦で飾る約束をしていたのである。

当然ながら函館から密出国した時には、逸脱→償い、の意識が一段と鮮明となった。渡米船中で弟双六宛に書いた手紙のなかでは、「我輩少年の狂気牽制しがたく」（全集3、二一頁）と逸脱行動を語り、「他年成業の後君父に奉侍せば、少しくその罪を償うに足らん」（同書、二三頁）「〔学〕業もし成らずんば、再び江戸の地を踏まず」（同書、二三頁）と、強い償いと帰錦の意識を示し、さらにこの文脈において国家に「万一の力を竭《つく》さん」（同書、二一頁）という決意表明がなされた。「国家」が脱国を正当化する論理のなかで語られたことには十分注意すべきであろう。

やがて時間が経つにしたがって、この正当化の口吻は、償いの意識から使命感の表明へと変化していく。たとえば一八六六年二月二十一日付の父民治宛の書簡では「全く国家の為に寸力を竭《つく》さんと存じ、忠心燃るが如く遂にこの挙におよび候」（同書、二七頁）と。これらの微妙な意識の流れをとらえないと、新島襄の「国家」は表面的な理解になってしまう。

（二〇〇〇年六月十六日）

20

板垣退助と新島襄

旅で世界観を変えるほどの影響を受けた人物として板垣退助の場合があげられる。自由党総理板垣退助は、明治十五（一八八二）年十一月から翌年六月まで、悪評高い欧州遊覧を行った。この視察は、士族政治家板垣にとって、「生活社会」発見の旅となった。後年社会事業家に変身するキッカケだったのではないか。

帰朝歓迎の自由党関西大懇親会における板垣演説は『立憲政党新聞』に、明治十六年八月二十二日から五回にわたり掲載されている。「眼を欧州諸国にむけると、文物典章は燦然とそろい、わが国人としてもその文明の形勢には注目すべきである。キリスト教が、これら文明諸国で勢力を占めない所はない」とある。

この発言に「わが意を得たり」と喜んだのは新島襄であった。かくてその年の大みそか、寝つかれぬ新島はチビた筆をとり、「閣下は帰国以来キリスト教の必要性を主張なさっておられるようにお見受けします」（全集3、二五四頁）、「キリスト教に基づかなければ文化は興らないと信じます。……わが東洋に新民を隆興させようと存じます」（同書、二五三頁）と熱い思い入れの手紙を書いた。板垣にすれば、いささか均衡を失した宗教熱に困惑したかも知れない。

襄と退助の共通認識は他にもある。板垣はヨーロッパのなかに「生活社会の進歩」を検証した。エミール・アコラス*に答えて「政治社会の停滞ぶりは日本も同様であるが、欧州の生活社会の進歩には脱帽する」と伝えた。そして帰朝演説では「わが国の生活社会の勢力を損復破壊している政治の干渉の弊の一洗」を語った。それは天下国家論の御託宣をまっていた自由党員たちを失望させた。しかし新島とはニューイングランドで「市民社会」を体験的に発見していた日本人であったことで共通していた。

士族民権家は板垣発言に失望したが、豪農出身の平民主義者、徳富蘇峰は目ざとく板垣演説に着目し、『将来之日本』中に、「平和世界」を支える生産力は「生活社会」に由来するとしてこの板垣演説を引用している。

その数年後、民友社の竹越與三郎（三叉）も有名な『新日本史』にこの演説をもっと長く詳しく引用した。「生活社会」を充実させて新国家を築く構想がこのように明治前半期には新島襄、板垣退助、徳富蘇峰、竹越三叉らによって構想されていたのである。

（二〇〇〇年九月二十九日）

＊　十九世紀フランスの進歩的法律学者。西国寺公望もフランス留学中に師事した。

21

同志社創立一二五周年を迎えた

新島襄が「同志社大学設立の旨意」に書き残した宿志のうち、何が実現し何が実現しなかったのか。大学を創設するという夢が大輪の開花をみたことには、誰の眼にも明らかである。また「この大学よりしては、あるいは政党に加入する者もあらん、あるいは農工商の業に従事する者もあらん、あるいは宗教のために働く者もあらん、あるいは学者となる者もあらん、官吏となる者もあらん」と期待された知識あり、品行ある社会の指導者層を、近代日本に輩出して現在に至っている。

そして日本国のあり方自身が、かつての富国・強兵・貧民の時代を脱して、豊かで平和な市民社会をもつ国家に変容した。新島襄がニューイングランドの地で見聞し体験した市民社会に近づいたともいえる。西欧化とはいわないが、近代化に成功したことは紛れもない事実である。

しかし案外実現しなかった事柄もある。キリスト教の普及である。そびえ立つ西洋文明の高嶺をまえにした明治の日本人は、「西洋文明とキリスト教は可分か不可分かという問題」を深刻に悩んだ。その時、両者が不可分であることを説いた代表的人物のひとりが新島襄であった（太田雄三『E・S・

モース』リブロポート、一九八八年、参照）。一二五年後の今日、この命題は話題にものぼらない。近代化（西欧化ではない）は、同時にキリスト教を受容しなくとも可能であること、が実証されたからである。そして現在、同志社のキャンパスにみられる風景はキリスト教への圧倒的な無関心と、建造物・クリスマス・洋風結婚式にみられるキリスト教風味の風俗と、そこになお存在する神学部の焦りである。

しかしまた最近の教育改革論議に眼を転じると、徳を語る資格もない御都合政治家たちが「教育勅語」の方が良かったといい始めた。さらに、あの人間の尊厳を厳粛にうたった「教育基本法」を、恐らく読み直しもせずに、頭から否定する議論が横行し始めた。そこには浅い思想と性急な教育基本法改定をさけぶエセ知識人の世論操作がある。新島襄が学んだキリスト教思想がこの国においていまなお有意義でありうることはこの一点からもいえる。

（二〇〇〇年十一月一日）

22

新島襄がデモクラシーを語るとき

国民が選挙で大統領を選ぶことを知った時に〝脳みそがとろけそう〟に驚いた、という新島襄であったが、その後のアメリカ留学で政治学を学んだ形跡はない。しかしアメリカ市民の政治常識を身につけて帰国したことは、初期同志社の修身学の授業で、権利、人権、自由ノ権、政府ノ目的、参政権という項目を語ったことを見れば分かる（「脩身学問題」全集1）。

さらに根底では儒教的人間観の変革があったと思われる。儒教的表現は、新島襄の説教や演説にもよく登場する。それは彼自身の儒教文化的背景を示すとともに、当時の人々が馴染んでいる言説であるのを意識していたからであろう。注意したいのは新島による儒教の微妙な換骨奪胎ぶりである。たとえば孟子の五倫（父子有親、君臣有義、夫婦有別、長幼有序、朋友有信）は、さりげなく「君臣ノ愛、夫婦ノ愛、親子ノ愛、兄弟朋友ノ愛」に代えられていた（「愛トハ何ゾヤ」全集2、一七八頁以下）。この置換で、タテ序列で構成される儒教的人間関係は対等な二者間の倫理に読み替えられた。それだけではない。それら在来の愛は「狭キ偏頗《へんぱ》ノ愛」にすぎないという。ここなどは儒教倫理が、つまるところ「接人の態度」（藤田省三「大正デモクラシー精神の一側面」『藤田省三作集4』みすず書房、一九九七年、七九頁）の域を出ないものであることを見抜いていたことをうかがわせる。

しかし新島襄には時局政治に働きかけたり、民権運動に参加した気配がほとんど見られない。その意味では政治的人間ではなかった。ただし彼の行動様式が決して政治音痴のそれではなかったことは、自己の人生選択や大学設立運動中に発揮された政治手腕、その戦略と実践に遺憾なく示されている。

とくに教会合同に反対するときの言行はその最たるものであろう。新島襄は教会運営の在り方という非政治的問題に対して熱くデモクラシーを語り、寡頭政治、専制政治の小さな芽を敏感に排除した。このときの新島襄の政治性を善意に解釈すれば「非政治的価値を擁護するためになされた政治的行動」であったと言えるのではないか。タテ社会の人間関係を破壊しなければこの国にデモクラシーが育たないこと、を異常なほど強く自覚していたがゆえの意思表示ではなかったか。それは新大陸のデモクラシーを、組合派教会《コングリゲーショナル・チャーチ》の勢力圏での社会生活で体験した新島襄と、熊本洋学校で有機体的世界観になじんだ熊本バンド（教会合同賛成派）の違いでもあろう。

（二〇〇〇年十二月五日）

23

音楽は苦手？

新島襄のなじんだ趣味芸術といえば、まず思い浮かぶのは彼の巧みな絵心であろう。楽しいスケッチをノートの余白などにたくさん残しているので、どこかで目にした人も多いのではないか。

これにくらべて音楽の話は出ない。どうも苦手にしていたようである。それを感じさせる妻八重宛の傑作な手紙が残っている。二度目に渡米した一八八五（明治十八）年、メイソンという音楽家が、二度目の日本行きの手がかりを求めて同志社校長新島襄に接近してきた時のものである。

客人来たれりと申され候間、直ちに飛び起き衣を着けて二階を下り候に、豈《あに》図らん例のメイソン氏にこれ有り。一つはビックリ致し、一つはゾッと致し、是必らず音楽の事ならんと推察申せしに、案じし通りメイソン先生の音楽病にて、……例の猫なで声にて懇々と丁寧に頼み込まれ候て……音楽は日本伝道には必要にして、音楽なければ伝道はかない申さずなどと申され……（話を別の話題にそらしてみても）間もなく音楽に立ち戻り……ドー。レー。ミー。ファー。ソール。ラー。シー。ドー。などと得意然と唱歌を始められ候へば、トンダモノと同道したわいと思い居り候……今こそヨブの堪忍を学ぶべし……さて船路は僅々三十分なるも例の音楽話ゆえに三時間よりも長しと思はれ、耳には音楽談を聞きながら、幸いに眼には入江の風色を詠むるを得たれば、困却中にも全く快楽なきにしもあらず（全集3、三五六―七頁）

と散々であった。なお、このメイソン（L. W. Mason, 1818-1896）は以前に日本政府の招きで来日し、学校唱歌や賛美歌の面で明治の音楽界に重要な貢献をした人物である。

ところでこのような音楽に対する反応は、新島襄だけのものでなく、当時の日本人の多くに共通していたのではなかろうか。西洋と日本との異文化接触のなかでもっとも異和感を懐かせたのが洋楽であった。今でこそバンドをやっていることは意外でもなく、時には反権力の同世代ヒーローですらありうるが、昭和二十年代でも、私が少年時代を過ごした四国の片田舎では、少年が楽器を習わされたりすると仲間からからかわれる世界があった。それにしても新島襄が賛美歌を歌う時には相当苦労したのではないだろうか。

（二〇〇一年四月三日）

24

福沢諭吉・田中不二麿・新島襄

「比較という方法を成功させるコツは二つあります。一つは似た者同士を比較しながら実は違うと論じる場合、もう一つはまったく無関係なあるいは異質な二者をならべたうえで実は共通性があると指摘するやり方です」とは、昔、ゼミで故丸山真男先生が語られた言葉である。この原則の前者のよい例は、新島襄と福沢諭吉の比較の場合であろう。とくに徳富蘇峰が発表した「新日本の二先生――福沢諭吉と新島襄」（『国民之友』第一七号、一八八八年三月）は「物質的知識の教育は、福沢君、……精神的道徳の教育は、新島君」と非常に明快に二人の違いをイメージ化した。この部分だけがひとり歩きすると、有名人の発言だけに蘇峰の呪縛となって同志社キャンパスを横行し、ステレオタイプな言説が作られかねない。しかしこの徳富蘇峰の文章全部に目を通すと、ヨーロッパ文明を明治の社会に移植しようとした福沢、新島の共通点についても多く語られているのである。

さて、新島襄と田中不二麿との関係についていえば、同志社では両者の親密な間柄が言及されるのが常である。しかしこの両人には大きな違いがある。それはキリスト教に対する姿勢である。ここにもステレオタイプな見方を懐疑してみる課題があると思う。宣教師の影響力の強かった同志社の教育と、進化論者が集まった東京大学における西欧科学教育のタイプの違いには、もしかして同志社の新島襄と文部省の田中不二麿の教育観の相違が反映されていたのかも知れない。

ところで福沢と田中の関係については、一時「文部省は竹橋に在り、文部卿は三田に在り」と評されたほど近かった。とすると、新島襄と福沢諭吉と田中不二麿の三者を同時にならべてみると、さらに興味ぶかい比較ができるのではないだろうか。三人に共通し、そして当時の日本では例外的だった認識は、西欧の市民社会の基軸をとらえていたことであった。つまり文化と政治の区別、教育の領域を政治権力から自立させる必要性、国家における非政治的領域のもつ重要性、を理解していたことである。二十一世紀の日本に市民社会を実現するうえで、三者の言説はけっして過去の遺物ではないのである。

（二〇〇一年五月十五日）

25

キリスト教との最初の出会い

「霊魂ノ病」と仮題を付けられた演説用草稿のなかに、幕末、新島襄がキリスト教の書物と初めて出会った時の様子を語る文章を見つけることができた。以下現代語に直してみる。

ふと耶蘇《ヤソ》教の書物が見当たったので、これこそが平生憎んでいるキリシタン宗門であろう、これを何度も読み返し熟考すれば、必ずその弱点を見破ることができるはずだ、と一生懸命に読破してみたところ、あらかじめ想像していたものとは大違いであった。宇宙の創造主宰を説明し、また人類は罪という病をもっているので、それを癒すためにキリストが存在することを説いていた。それで私の心のなかに疑問が大きく起こり、それを必ず究明しなければならないと思い始めた。

そして段々とこの宇宙の主宰を探索したいという考えが生じ、また五大州を跋渉してみたいという意志をもち始め、米国まで飛び出して……（全集2、三九一頁）

これが書かれた日付は不詳だが、類似した説教の日付から推定するとたぶん明治十年代後半のものであろう。だからあくまでも、耶蘇教の書物との出会いから二十数年後における事後意識としての回想である。しかし出会い直後の当事意識を想像させる内容でもある。第一に最初は異教に対抗意識をもって接近していた。第二に「あらかじめ想像していたものとは大違い」という意外性の意識である。これは仏教のお説教や儒教の教えと対比されており、外から押し付ける道徳に「眠《ねむり》を催し」ていた青年新島にとって、道を説く当人がまず自分をへりくだり罪を担う、という話に虚を突かれ、戸惑いもったことを意味している。そしてこの宗教に対してこだわりと探求心を深めたのである。新島は、宗教意識の強い人であったといえよう。第三に罪を病にたとえ、人類が病んでいること、それを癒すのが神であるという説明を読み取っている。そして後の回想であるが、病には漢方医よりもオランダ医が効くように、罪には東洋道徳よりもキリスト教が効くとする対比がみられる。当時新島が、蘭学、英学に傾倒していたことを思えば、西洋宗教の方に魅かれるのは不自然ではない。

なおこの文章では、いま振り返ると幕末当時の自分を「諸病の問屋」であった、傲慢・飾非*・偽善、嫉妬・憎悪、放蕩・淫乱で「実に慚愧に堪え」ないと告白している。

（二〇〇一年六月十二日）

＊　曲事を道理らしくいうこと。

26

新島襄が愛国心を語るとき

明治十年代中葉、当時流行のきざしのみえた愛国心の動向を危惧した新島襄の演説草稿二本、「愛国ノ主意」と「愛人論」が『新島襄全集1』にある。

まず新島は保守派の愛国論議をたたく。「日本の愛国は偏頗《へんぱ》の所あり」（「愛国ノ主意」全集1、四三六頁）。「世上喋々と愛国を論ずる者多々ありといえども、その愛国たる多くは書生の空論にして実切に功を奏せず。……とかく愛国より偏頗の心生じ、我日本を愛して外国人を敵視するの憂なき能わず、……或は議論をなし、或は著述をなし、しばしば内国人をして外国人を憎ましむるの策略を設くる者ある事少々ならず」（「愛人論」全集1、四二九頁）。この言葉は、今日この国の一角で世論操作を試みている西尾幹二ら退歩的文化人の姿をほうふつさせる。歴史は繰り返すのであろうか。

他方、政治的野心に駆る革新派の民権家にもきびしい。「ただ志操のみ大にしてただ空論を吐き……」（同書、四三〇頁）「名を射るの徒、風雲に乗じ、平素の志を逞するの憂なき能わず……人民皇張主義の先生も、僅かの月給のために官に釣り上げらる、……」（「愛国ノ主意」全集1、四三六頁）。

ではどうすべきか。自論を語るにあたって新島は「愛国は愛人也」と、思いがけない言説の展開を示した。「各人をして愛人（人を愛す）の心を抱かしめこれを行わしむるにあり……愛人とは他人を愛する也」と。家族、友人、窮民に愛を施すところの国は繁栄する。いちばん必要なのは人々の日常市井生活の質を高尚にすることである。その積み重ねのうえにナショナリズムは存在する、とする。「平民主義は真の愛国心を養成す」「平民主義は人物を養成す」（「平民主義」全集1、四四八頁）。愛国意識は平民を犠牲にする国にではなく、平民を活かす文明国に育つと主張したのである。新島襄におけるナショナリズムとは「国家主義」というよりも「国民主義（新島の表現では平民主義）」を意味していた。

さらに、これが可能になるのは私立大学の教育においてであることを語った。「今特に愛国主義の教育を起すにあり、この事は政府大学に望み難く、又小学にも期し難し、ただ民間の有志輩愛国旗を翻へし、我日本に尽すにあり」（「愛国ノ主意」全集1、四三七頁）現代の教育関係者のなかで、この市民型愛国教育論を理解する人の多からんことを願う。

（二〇〇一年九月二十八日）

27

同志社英学校開校のころ

同志社は今から一二六年前の一八七五年（明治八）十一月二十九日八名の生徒で始まった。しかしその年の暮れにはもう生徒二八名に、翌年の暮れには六七名に増え、京都最大手の私立学校に成長した（「京都府私立学校調査表」『同志社百年史資料編一』）。順調に伸びた秘密は、アメリカ人教師をふくむ複数の教員がいるという充実ぶり（京都の他の私立学校のほとんどは教員一名で経営していた）と英語を教える京都で唯一の学校であったことによる。

しかしこの膨張の陰には例外的事情が存在していた。同志社開校二年度目、一八七六年九月の新学期に、約三〇名ほどのいわゆる熊本バンドといわれる一団が廃校となって行き場を失った熊本洋学校のなかから入学したことである。つまりエリート学校の卒業生や四回生から一回生までが三々五々、同志社に転入したわけで、いわば、生れたばかりの新星に強力なすい星が衝突したようなものであった。混乱が起こらない筈がない。

同志社を立ち上げたばかりの新島襄、デイヴィス、山本覚馬にとっては気の毒な話であるが、すぐに生徒間の大きな学力差問題が生じた。もともとの同志社英学校は塾のような雰囲気の中等学校であった。そこへ多様な学力の熊本洋学校の面々が転入した。すでに一年前に熊本洋学校を卒業していた小崎弘道や山崎為徳ら一期生、卒業したばかりの二期生、同じく繰り上げ卒業の三期生らは、アメリカ陸軍士官学校出身のジェーンズの選別教育で鍛え上げられ、ネイティブ・イングリッシュを解する英語名人の優等生であった。山崎為徳や横井時雄が一度進学していた東京開成学校（東京大学の前身）に見切りをつけて同志社に転校して来たように、彼らが求めたのは大学レベルの授業であった。彼らは同志社で別格のバイブル・クラスに所属し、「徳育派」と呼ばれた。しかし同じ洋学校出身でも四期、五期生の家永豊吉、徳富猪一郎、蔵原惟郭《くらはらこれひろ》らの学力はまだそこまで達していなかった。その猪一郎たちは、最初の同志社学生、元祖在来組と組んで、時事的関心の旺盛な「知育派」を形成し、演説会を開いて徳育派と対抗した。

こうして熊本バンドの転入は初期同志社の空気を一変させ、いくつかの乱気流を生じさせた。このマサツが新島襄の「自責の杖」事件発生の背景でもあったし、後の同志社の微妙な不調和の遠因にもなった。ところで私たちはここで、短期間ではあるが、熊本バンド入学以前に、厳然と初期同志社が存在していたことの意味をもっと重視しておくべきではないか。

（二〇〇一年十一月一日）

28

書簡の人、新島襄のこと

もし新島襄の時代に電子メールがあったなら、彼は飛びついて利用したのではないだろうか。機械ずきのうえに、彼ほど筆まめに手紙を書いた人も珍しいからである。新島襄には著書がない。『新島襄全集』の中心を占めるのは書簡であり、この点が新島研究の避けられない制約となっている。これまでの新島研究の多くが伝記の形をとってきたのは、書簡を中心にして書かれたためでもある。

この制約のためにいくつかの注意が必要になる。著書の場合は、もともと、多数の読者を想定して書かれたメッセージである。これに対して、手紙は、たとえ内容が一般的テーマで論じられていても、私人間の情報交換だからである。

そもそもまた、どんな人にも、手紙を書かない相手、書けない相手がいるということも考えなければならない。たとえば福沢諭吉と新島襄の間には一通の手紙のやり取りもなかった。しかし、明治の教育界を論じるにはこの二人の比較は欠かせない。

また手紙が書ける間柄でも、書きにくい相手と書きやすい相手が当然ある。一方の極には形式ばった硬い文から、他方には無遠慮に本音を語る放胆文があり、その中間の文体がいろいろある。書簡を読んでいて面白いのは、書いているその時その時の意識、心的風景のかもしだす微妙に違う体温差である。新島襄の場合、概して英文書簡の方がのびやかでユーモアもあり、自然の感情があふれていてほほえましい。

手紙は遠い人を近づけるし、近い人をますます近づける。いちばん多く新島書簡の残っている相手は徳富蘇峰で一二八通である。量からも内容からも新島がいかに蘇峰に心を許していたかが分かる。次に多いのは京都府会議員にもなる中村栄助宛であるが、これは、校長室を留守にした新島が旅先から指示した事務連絡がほとんどである。

ところで手紙はあまりに身近な人を遠ざける、という研究遂行上の盲点、逆説を伴っている。たとえば、妻八重宛には二度目の洋行時に集中している他は三通のみ、十数年にわたり創業時の同志社で苦楽を共にしたデイヴィス宛には一〇通、そしてラーネッドに対してはゼロ通という少なさである。書簡のみに注目して研究を進めるとそこを見逃す危険性も起るのである。

（二〇〇一年十二月五日）

29 同僚デイヴィスの見た新島襄

新島襄没後すぐに書かれた伝記にJ・D・デイヴィス著『新島襄の生涯』（北垣宗治訳、小学館、一九七七年）がある。デイヴィスは、新島襄、山本覚馬と共に同志社を創立したひとりであった。また新島襄が大磯で客死するときの「遺言」にも、「余と兄《けい》（デイヴィス）と親ある兄弟のごとし。十分御養生以て我国のために御働きありたし。余面会するを得ざる残念」とあるほど親しかった。つまり同志社英学校創業以来、苦楽を共にした同志であった。この伝記の大半は新島書簡の引用で構成され、デイヴィス自身の語る新島の姿は少ない。しかし注意してみると、読み飛ばしそうなデイヴィス自身の描写のなかに、伝道ならびに学校事業を共にした同僚ならではの、新島襄の日常の姿が垣間見える。この本はこの点で、きわめて貴重な記録である。

そのひとつを紹介すると、新島校長の次のような会議運営の様子がある。だれもが自由に異質の意見を述べあう自由な空気が存在する会議体であったことが分かる。

「新島のまじめで単純な、気取らない態度はすべての人を捉え、どれほど議論しても、またどれほど意見を異にしてもそれで妨げられることのないような愛を呼びさますのであった」（北垣宗治訳、一八〇頁）。

しかしこうもいう。

「新島はすべての人とやわらいで生きるよう全力をつくした。彼は自分自身の意見をいつでも譲るつもりであった。これは彼の一つの欠点といってもよいほどのものであった。彼は時としては他人の意見に余りにも簡単に同意するのであった。同志社の社長、また校長として学校に関係していた期間の全体にわたり、私の知る限りでは、新島は教師たちの意見に自分の意見を対立させたことがなかった。彼はいつも彼等に同意し、彼らと調和して働くのであった。彼は自分の人生の大目的に反していないと感じるような点なら、何であろうとすぐに取り下げるのが常であった。だが人生の大目的が危いとなると、全世界をもってしても彼を動かすことができなかった」（同書、一八〇―一頁）。

およそこの新島の議事運営の光景はワンマン校長とはほど遠い。デイヴィスは他からの提案に指導性を示せない「欠点」を新島に見ていた。しかしこれはまた、いかにも組合派教会員らしい、共和主義的な、熟議討論の会議運営を実行していたことを示しているのではないだろうか。

（二〇〇二年四月二日）

30 健康医学への関心

新島襄が同志社のなかに京都看病婦学校や同志社病院を建てようとしたきっかけは、脱国前、函館で経験したロシア病院での治療体験に始まるのではないか。

そこでみた西洋の医療システムと江戸のそれとの巨大な格差に新島は驚きをかくさなかった。「函館紀行」のなかには、この病院の受付事務、入院用衣服の提供、食事、回診、処方等のシステムをノートし、図解し、さらに「日本の医者が病人の貧富を見分けて薬を差別するのと違い、物乞いのように貧しいものにも病気しだいで高価な薬を与える」（現代語で読む新島襄編集委員会編『現代語で読む新島襄』丸善、二〇〇〇年、四二頁）と書いた。同様の体験はアメリカ留学中にも体験していた。

現在のＫＢＳ（近畿放送）放送局のある辺りに、京都看病婦学校と同志社病院を開校・開院させたのは一八八七年十一月のことであった。病院、貧院、幼院、看病士学校等は「文明諸国に人々が多分の金を投じて……社会の為に計る所の純乎たる慈善心、宗教心より起り……」と西洋社会の一般状況を紹介したあと、新島襄は設立目的として「第一には病人の苦痛を救うにありまする」、「第二には熟練の看護人を養成」、「第三に病人の心を慰むる事」をあげた（「看病婦学校設立の目的」全集1）。明らかに文明社会にふさわしいヘルスサイエンスを我が国に導入し、患者に人間的な治療を提供しようと意図していたのである。

昨今、そのまま看病婦学校等を手放さないで医学部に展開していれば、同志社も超一流大学になったろうに、というボヤキを耳にすることがある。もしその種のボヤキを大学偏差値という虚栄のために発しているのであれば空虚である。

しかし、豊かになったといわれるこの国の医療現場で、普通の人が世間なみの入院体験、付き添い体験を三日もしてみれば、依然、病院という世界がみじめで貧しく、患者の尊厳を損なっていることをまざまざと実体験させられる。新島襄が明治の日本に提供しようとした「病人の苦痛を救う」精神と医療システムの改良が実現したとは言いがたい。この日本の大学教育に新島襄が期待した宿題は、まだ山積している。

（二〇〇二年五月二十日）

31

マーク・ホプキンスのこと

すこし奇異な感じを抱くむきもあるかも知れないが、『新島襄全集2』のなかにホプキンス著『脩身学』が収録されている。それは、宮川経輝訳出のものに新島襄の書き込みが満載されている状態を忠実に再現し、いわば手沢本を復元したものとなっている。

じつは開学当時の同志社では、京都府からの命令で、聖書の講義がかたく禁じられていた。それで代わりに教授されたのが修身学であり、その時テキストとして使用されたのがこのホプキンス『脩身学』であった。したがって書き込みは新島襄の宗教観・倫理観をしめす貴重な情報であるから、全集に収録する意味があるわけである。

これまでこの本の原本は、Mark Hopkins, *Lectures on Moral Science*, 1862であると言われてきた。しかし調べてみるとそれは間違いで、*The Law of Love and Love as a Law*, 1869の後半部分「実践編」の訳であることが分かる。当時のアメリカで非常に影響力の大きい本の一つであったから、新島襄もどこかで習ったか、購入していたのであろう。

アメリカにおける倫理学の発達をみると、十七世紀後半から十九世紀前半にかけて「うんざりするほどの論争をへて、道徳は神が聖書のなかに示している法であるとする見方から、神の法も人間自身の内に埋め込まれている直感や感性にいちばん良く示されているとする見方に、変化していった」（原英文。G. S. Hall の言。D. H. Meyer *The Instructed Conscience*, University of Pensylvania Press, 1972, p. 43）といわれる。

ホプキンスは医者でもあり専門的な神学の勉強はしていない。しかし長くウィリアムズ・カレッジ学長として学生やアメリカ市民に道徳科学を平易に説いて、市民道徳の形成に深い影響をあたえた。ウエイランド（ブラウン大学）、マッコーシュ（プリンストン大学）らとともに、スコットランド学派の「常識」哲学の伝統をアメリカに広め、ラテン語からの解放と分かり易い言葉での市民倫理を構築したという。新島襄のいう「良心」にも、これら十九世紀アメリカ倫理学の影響が反映しているのではないだろうか。

（二〇〇二年六月十三日）

32

兵糧攻めにあう

武士は正々堂々と勝敗を争う、といった類のロマン的な武士道言説が流布されている。だが生死をかけて真剣勝負に打って出た時の人間の実相は、そんなにきれいではない。狡智策略のかぎりを弄するものである。これは昔も今も変わらない。野球がどんなに汚いゲームであるかをいちばん知っているのは現役野球選手であり、テニスが相手の弱点を執拗に突くいやらしさのゲームであることは少しやってみれば誰もが気付く。勝負の世界の現場では、兵糧攻めのような、自分の手勢を損傷することなく相手を屈服させる戦術が、好んで選択される。

明治十年代の明治政府にとっての最大の政敵は自由民権運動であった。この恐るべき運動の温床となっていたのは、政府批判を煽る新聞・雑誌ジャーナリズムと民権活動家を補給する私立学校であった。そこで明治政府は二つの条令で兵糧攻めの策に打って出た。まず明治十六年四月十六日の改正新聞紙条例は、政論新聞・政論雑誌にたいして多額の発行保証金の供託を義務づけた。これによって一か月後には東京だけで三十二通の廃刊届が出された。そして同十二月二十八日の改正徴兵令は、官立、府県立学校以外の学校から徴兵猶予の特権を剥奪した。私立学校から学生を遠ざけるための兵糧攻めである。

同志社社史資料室編『池袋清風日記　上』をみると、明治十七年の正月の私学同志社は「徴兵新令の騒ぎにて生徒多く帰郷し、……例年の如く新年懇親会の段にはあらず」と正月気分も吹っ飛んでいたことが分かる。退学者も続出した。この日記の中に全集に収録されてない新島演説筆記がある。「或る専門私学校主小野氏〔早稲田大学の前身・東京専門学校の小野梓〕に面会せしに、氏曰く、余が塾には今回の徴兵新令の為に一人も退塾の生徒なし、貴校生如何と云われし時に恥じて返答に困却せり。……今日の日本にして私塾を廃滅に帰すべきか、……有名無実の官公立校多く出でん。好《よ》し我が同志社はたとえ生徒ことごとく去るも依然として此《この》相国寺門前〔同志社英学校の所在地〕に建置くべし」と新島校長は生徒に向かい意気軒高な檄を飛ばす。

悪魔に勝利するには、悪魔以上の戦略がいる。狡智に長けた明治政府に立ち向かうべく、新島襄は文部省に徴兵猶予の交渉に出向くのであった。

（二〇〇二年十月一日）

33

新島襄をネット・サーフィンする

いまインターネットの検索欄に、「新島遺品庫」あるいは《http//joseph.doshisha.ac.jp/ihinko/》と入力すると新島襄関係の原資料を画像でみることができるのをご存じだろうか。新島遺品庫の収蔵資料は五八六七点の膨大な数にのぼるが、その宝の山に世界中から簡単にアクセスできるようになった。原資料を三万数千カットのデジタル画像にして一挙公開した同志社創立一二五周年記念事業の試みは、おそらく世界の大学なかでも先駆的なものではないだろうか。

web版の「新島遺品庫」を開くと、画面は「全面公開コース」と「部分公開コース」の入口が表示される。まずは「部分公開コース」をのぞいてみよう。目次にしたがって内容を読み進めば、「新島襄ものがたり」、「同志社のはじまり」、裏話をふくむエピソードなどにたどり着く。新島襄の肉筆やスケッチを含んだ資料は、時代の雰囲気を伝える。同時に中高校生を意識してマンガ風のイラストも添えられているから、高度でありながら取っ付きやすい。こうして画面をたどるうちに、苦労なく《新島通、同志社通》が生れる。また参考文献リストや質問メール欄もあるから本格的な新島研究の入口でもある。

「全面公開コース」の方は、研究用資料として設定されている。数量が多いので、検索に手間取るかも知れない。私が使ってみた感触では、「条件指定検索」欄に同志社社史史料編集所編『新島先生遺品庫収蔵目録』（上、下）の《目録番号》を打ち込むのが効率的であった。この『目録』は非売品であるが、幸い神学部の小原克博先生のご尽力で、氏のホームページ上に開設されている《同志社バーチャル博物館》に全文掲載されている。《http://kohara.doshisha.ac.jp/virtual museum/》から読み出すことができる。

私も先日、目録番号《2394》を打ち込んでみたら、新島襄の質問に答えてカタルパの育樹法を伝え、種子を同封した一八八〇年一月八日付の手紙が現れた。カタルパはササゲのような豆がなる木、キササゲ（アメリカキササゲ）といわれ、庭園や街路樹として北米でよくみられる生育の早い観賞用樹木である。それを最初に日本に紹介したのが新島襄だったのである。

（二〇〇二年十月二十九日）

34

賛美歌事始め

熊本バンドを描いたテレビドラマで学生達が賛美歌《主われを愛す》の曲を歌っている場面があった。若き日の山田耕筰もこの歌を耳で覚えて次のように歌っていたという。

ジーザス、ラスミー、ジッサイノー
〔Jesus loves me ! This I know〕
ホーライ、バイブル、テスミッソー
〔For the Bible tells me so〕
ジーツー、ワンツー、ヒービーロン
〔Little ones to Him belong〕
デーアル、ピコボコ、ヒースロン
〔They are weak, but He is strong〕

（山田耕筰『はるかなり青春のしらべ』かのう書房、一九八五年）

この曲が最初に日本で歌われた賛美歌だったようである。歌詞は一八五九年、メロディーは一八六二年に作られた。この歌詞にはいかにも十九世紀のアメリカらしいピューリタリズムが現世化に向かった過渡期の教会文化が物語られているのではないか。

第一に、神の性格が「怒りの神」でなく「愛の神」として歌われている。十七世紀アメリカに植え付けられたカルヴィン派二重予定説の恣意的な恐ろしい神の姿は、大覚醒運動の主唱者、ジョナサン・エドワーズをノーザンプトン町から一七五〇年に追放した後、しだいに愛の神に変容していった。

第二に「神に愛されていることは私が知っている」と、自己確信を加味して歌う。つまり二重予定説に脅えるのではなく「ニューイングランドのピューリタンたちは、救済の特徴を段階的に知りうると考えていた」（大西直樹『ニューイングランドの宗教と社会』彩流社、一九九七年）。さらにいえば神を現世に呼び込み、「丘の上の町」*ボストンに地上の天国を築いた十九世紀であった。

新島襄は、信仰の確証を聖書よりも自己の内面の確信に求めはじめた時期のアメリカで、十年近く生活を送った。この時代環境は、彼の組合派信仰を考えるうえで無視できないように思われる。ところで今日のアメリカは、世界貿易センタービルをバベルの塔ではなく、文明の証しだと自己確信する信仰を保持しているのだろうか。

（二〇〇二年十二月二日）

* マタイ伝五章一四節にある言葉、神から選ばれ隠れることのない「世の光」の町。いまやニューイングランドの中心地ボストンが聖別されたその町に他ならないとする。

35

ビリの扱い方

教育実習から帰ってきた学生が、「同じ内容を教えてもあるクラスでは大うけし、あるクラスでは白けっぱなし、クラスというものはまるで生き物のようで怖かった」という。これは一教室内の個人の場合にもあてはまる。同じ講義に目を輝かせて聴く学生もいれば、「なんだこの教師」と白ける学生もいる。同じ楽譜の演奏でも演奏家によってちがうように、教師によって面白かったり退屈したり講義もさまざまである。もちろんクラシック音楽を愛好する教師が授業上手ともかぎらない。

ところで成績評価には「同じ」基準を適用する以上、どのクラスでも誰かは必ずトップになり、誰かは必ずビリになる。そしてビリになる学生は往々にして授業参加の意欲を失っている者である。このビリをどう評価すべきか。どう扱うのがいちばん教育的か。

教師が甘くみられたクラスで、怠慢学生に寛大なのは教育的とはいえない。また大規模クラスでは基準を統一しないと不公平になる。しかし小クラスで意欲的学生の多い場合、ビリを切り捨てることが教育的といえないこともある。たまたま担当教師とその学生と波長が合わないだけかも知れない。

授業参加に消極的なビリ学生も、教師の想像を超えた別の価値観に生きているのかも知れないのだ。「相性」「ひいき」は合理性をこえた要因であるが、じつはそれが大きな力をもつのが人間の世界である。逆にその種の私情非合理主義の除去に過度にこだわって、かえってギスギスした不自然な集団が生まれることもよく起こる。

新島襄は英文日記に「クラスの中でもっともできない学生にとくに注意を払うつもりだ。それができれば、私は教師として成功できると確信する」（『現代語で読む新島襄』一七九頁）と記している。これは、ある意味で《臭い》言葉で、教師業にひそむ偽善性と紙一重である。しかし、学生の価値観の多様性を認め、不出来な学生を自己の尺度だけで切り捨てないことと解釈すれば意味深長である。

新島は規則ぎらいであり、学校組織の大規模化を疑問視していた。熊本洋学校から転校してきた一群の学生たちが初めて同志社の授業風景を見たとき、「期待に反した乱雑な有様、漢学塾のやうに一人々々思つた書物を持っていつて習う」（青山霞村『同志社五十年裏面史』からすき社、一九三〇年、五八頁）有様に唖然としたという。それは新島襄が、「みんな同じように」を旨とする雀の学校をこえて、良い意味での自由教育の理解者だったからではないか。

（二〇〇三年三月二十五日）

36

イザベラ・バードが描いた新島襄

十九世紀イギリスには女流旅行家といわれる人々が幾人も出現した。西洋の文明力でこじあけた未開の地に単身で乗り込み、ポンドの威力で現地人を雇い、使いこなしながら自分の足で現地を探索し、その記録を本にして売り、また次の旅にでる生活をする人である。

そのひとりイザベラ・バードの紀行文はすでに、高梨健吉訳『日本奥地紀行』（平凡社東洋文庫）としてよく知られている。しかし高梨の訳本は東北、北海道、アイヌの人々の居住地など、主に山間農村部分の記録のみの抄訳であって、都市部の記述は省略されていた。

このたび楠家重敏・橋本かほる・宮崎路子訳『バード日本紀行』（雄松堂出版、二〇〇〇年）が出版された。本書はいままでの省略部分に限定して日本語に訳出したものとして貴重である。とくに東京、新潟、神戸、大阪、京都、伊勢といった都市部や関西地方の記事、そして宣教師のキリスト教布教事業関係のルポとしても興味深い。新島襄情報もある。

イザベラは、新島襄を訪ねた時の情景を「彼はかなり自由に生き生きと英語を話す」（一九三頁）と描く。「新島氏はもとより紳士であり、もの静かで、寛大で正しい人である。彼は親切で、教義を良く究めたキリスト教徒であり、非常に愛国心の強い日本人だ。……〔新島は〕地方の田舎出の学生にたいする説教からはよい結果が得られると期待している。彼の意見として日本人の主な欠点は何でしょうかと尋ねたところ、彼は一瞬も躊躇することなく『嘘をつくことと不道徳なこと』と答えた。……」（一九四頁）。

また新島は「今日本ではキリスト教よりもはるかに強大な影響力のある力が、ミル、ハーバート・スペンサーその他の人びとが教えた『英国哲学』という形で効果を表している。……『種の起源』は、キリスト教では答えることができない問いを投げかけている」と心配していた（二〇八頁）。

一八八〇年、ロンドンで出版されたイザベラの旅行記はすぐにボストンにも出回ったようで、これを読んで新島情報を得たアメリカの恩師や旧友たちから、さっそく新島宛に励ましの手紙（社史資料室蔵）が届いていることも興味深い。

（二〇〇三年五月十三日）

37

心身に宿る武士の気質

新島襄と接した人は、少なからず彼のなかにジェントルマンの姿と武士の気質の二つ顔を見出していた。例えば丹波清次郎は、「私が入学した頃の先生に対する印象としては、先生は寧ろ温和にして婦人の如く、……」といいながら、他方では「（お宅を訪ねると）諄々として当時の社会状態や天下の形勢などを語られ……之を救済指導せざるべからざることを高調せらるるや、先生の眉宇《びう》動き、言々熱を加え来り、夫《それ》と共に顔色自ずから蒼白となり、……感涙ほとばしって両頬を湿らすを見たのである」と回想する（同志社校友会編『新島先生記念集』七二頁）。

一方では、ニューイグランドの文明社会で身につけた人間味と洗練された紳士気質、他方では幼い時に身に染み込んだ武士の気概、それら両者を生涯もちつづけながら不思議な魅力を一身に結晶させていた、と見るべきか。人柄をめぐるこのような複雑な記述をどう解釈すべきだろうか。

振り返ると天下泰平のつづく徳川体制下の上級士族たちは、現状維持を至上目的として無難な官僚政治を行っていた。それに飽き足らない下級士族に活動の場をあたえたのがペリー来航という対外的危機の発生であった。この時武士のなかに眠っていた戦闘者の精神は目覚め、《臨機応変に決断し対応する主意的・行動的傾向》や《困難から逃げない態度・覚悟》の主体が歴史の舞台に躍り出た。身の危険を冒して脱国した新島襄もその典型例であった。

《いしかねも透れかしとて一筋に　射る矢にこむる大丈夫《ますらお》の意地》と新島は詠う。また名医ベルツから心臓病の悪化で静養を勧められた時、自分の人生に武士的決断を下す、「熟考するにむしろ戦地にありて退かざるは、平素戦士の心得たるべしと存じ候」と（全集3、五六八頁）。しかしこの時語られた「戦地」とは、大学設立運動の先頭に立つことであった。新島襄において戦闘者武士の精神は、自己の出処進退の倫理として使用されたのであり、その戦場とは学校設立事業という文化活動であったことを銘記しなければならない。

（二〇〇三年六月六日）

38

徳冨蘆花における「新嶋先生」

徳冨蘆花（健次郎）と新島襄のあいだには、一方で温かい人間味ある恩師と生徒としての出会いがあり、他方では新島の義姪と健次郎との恋愛の成就を破壊した人生最大の妨害者としての決別があった。失恋の相手は山本覚馬の娘、久栄、つまり新島八重の姪であり、この挫折は蘆花の深い傷となった。事件から二十七年後、やっと恋愛挫折体験小説『黒い眼と茶色の目』を書くことで《心の妻》久栄を清算し、結婚歴二十一年目となった妻愛子との関係を新生させた（拙著『明治思想史の一断面——新島襄・徳冨蘆花そして蘇峰』晃洋書房、二〇一〇年）。

だがなお、蘆花の内面に新島襄は存在し、面妖な影を落としつづけ『蘆花日記』や小説『冨士』のなかに、複雑な「新嶋先生」像として綴られている。

「新嶋さんの第廿五回忌だが、……新嶋さんは余の知己ではない。『黒い眼と茶色の目』で、新嶋さんに負ふただけの債務は払った」、「新嶋さんは余の知己でも何でもないのだ。平民主義、平和主義もウソぞ」（中野好夫・横山春一監修『蘆花日記一』筑摩書房、一九八五年、二九一—二頁）。恋愛というプライベートな個人問題に介入し、妨害した恩師の唱える「平民主義」にこのように手厳しい。かと思うと「新嶋先生が『久栄はよくない女です』と余に云われたのには千万無量の意味がある、従って先生が余を愛してくれたことになる」（同書、一六九頁）。「余自身小説を新嶋先生の黒い眼で書き起こして居る。……」（同書、一七一頁）「〔むかし〕余は久栄を細君と思い込み、極力真否を試験したのだ。……〔そういう試練がなかったら〕細君と余の恋が成立するまでにはまだ多くの中間故障がこさえた《ママ》であろう。だから新嶋先生にも感謝し、久栄さんにも感謝する」（同書、一八五頁）とも書いて、たいそう複雑な合理化を行っている。拒絶や克服を試みてもなぜか新島襄の愛を無視できず、その存在を肯定する立場に立って発想せざるをえなかったのである。

「新嶋先生に大久保〔真次郎〕もはなれてひかれ、兄〔蘇峰〕もはなれてひかれ、余もはなれて今年今月今日、正に先生に抱きついた」（大正三年十月十四日。同書、一七二頁）。新島襄には、このように人間として、先生としての不思議な吸引力があった。

（二〇〇三年七月二十八日）

39

条約改正問題と同志社大学設立運動

「同志社大学設立の旨意」の中ほどに、大学設立運動に賛同した政治家として大隈重信、井上馨、青木周蔵、財界人として渋沢栄一、原六郎、岩崎弥之助、岩崎久弥、平沼八太郎、大倉喜八郎、益田孝、田中平八の名前と寄付金額の一覧表が掲げられている。

この大学設立運動支援の動きには、この時期の外務省関係者（大隈、井上、青木、陸奥宗光ら）の思惑が深くからんでいたと思われる。条約改正実現を急ぐあまり、鹿鳴館大舞踏会を演出したり、外国人裁判官任用や内地雑居を認める改正案を作った井上馨は、一八八七年九月に外相辞任に追い込まれていたが、その後も日本の西欧化をアピールする絶好の材料としてキリスト教主義大学設立を構想していた節がある。一八八八（明治二十一）年五月二十五日に同志社を視察し、演説するほどに井上馨は熱心であった。

寄付の音頭をとったのも井上馨であった。同年七月十九日、井上馨は上京中の新島襄を、わざわざ馬車で迎えに行き、大隈重信邸に案内した。そこには財界人たちが呼び集められていた。大隈、井上が大学の必要性を演説した後、奉加帳にまず井上自身が千円と記入してみせた。財界人たちは、しばらく間をとり、「縁側に出」て相談をまとめ、相応の金額を記入した（「漫遊記」全集5、三五三頁）。井上馨の作戦勝ちであった。

新島襄はこの政府の条約改正の動きをとらえて、大学設立運動にうまく結び付けた。「先ず外人の信用尊敬を得る事を要す。その信用尊敬を得んとなれば、先ず基督教を奉ずるにしくはなし。……該教を布くに方法あるや。曰くあり、有為の外国教師を招聘し、基督教主義の学校を起こし」信者の生徒を育てることだ、と説く（「条約改正ヲ促スノ策」全集1、四五〇頁）。

新島襄はその際、「外国人の内地商法」を厳禁したうえで内地雑居を許せばよいとする。外国人宣教師の自由移動を実現させたかったのである。他方、条約改正に反対する大同団結・三大建白運動を批判したが、その理由は、民権自由の主張には「無神論」がある、やがてそれは「西洋社会党虚無党」の轍《てつ》を踏んで、「破壊主義」になり、フランス革命のような混乱を起こす、とする（同書、四五〇—一頁）。

この認識の肌合いの違いは、後の民友社と政教社の違いに〝一脈〟通じるのではないだろうか。

（二〇〇三年十月二十四日）

40

イタリアの新島襄

新島襄の二度目の訪米の旅は、一八八四年四月に始まるが、途中でヨーロッパとくにイタリアに長期滞在した。五月十七日にイタリアに入り、ナポリ、ポンペイ、ローマ、フィレンツェ、ピサ、ジェノヴァ、トリノで学校、教会、美術館などを巡り、六月二十一日から北イタリア・アルプス山中の村で六週間休養している。

なぜイタリアなのか。ひとつ考えられることは、以前の岩倉使節団の欧州視察の際、別行動の新島は立ち寄らなかった国だったことである。今回新島は何種類かの英文質問表を学校用に準備し、ローマではまず公教育大臣に面会して紹介状を入手し、精力的に大学等を視察し、記録を英文で残している。自然科学系学校の記述がとくに詳しい。また信仰熱心な新島側の質問にたいして、「自由国家と自由教会」の原則に立つイタリア側の大学人が回答を躊躇するという宗教観の相違も垣間見える（全集7、一六九頁）。

もうひとつ注目すべきは、キリスト教・ワルドー派の村トレ・ペリチェの民宿にて六週間の休養をとっていたことである。十二世紀のリヨンの一市民に発するこの教派は、フランス語聖書を用いて福音を説いて支持者をふやしたが、やがて異端とされ、十六世紀にプロテスタント派と合流して、北イタリア・アルプス山中のワルドー渓谷に生き残った集団である。

このイタリアの村で保養生活に新島はなじめなかった。山中を散歩していて、後日スイス山中サン・ゴタール峠で発病する前兆ともいえる発熱と歩行困難を経験した。新島襄高山病説（坂部慶夫論文『新島研究』九二号、一七頁）の傍証といえようか。また様式化した退屈な礼拝に失望し、日常生活でブドウ酒を愛飲する様子に違和感を隠さなかった。

とくに早朝五時から一〇〇人をこえる青年男女のピクニック礼拝に同行した時には音をあげている。青年たちはパンの山とブドウ酒の樽をロバに牽かせ山に登り、礼拝後、歌につぐ歌、あらゆる若者の歌を唄い、ゲームに興じ、夕食後もまた唄いはじめて止まらない。音楽が苦手なのか、失礼ながらと新島は先に宿にもどってしまった。

社交時間の少ない分、観察や内省の時間となった。新島は雑記帳に、イタリア人の享楽的で大雑把な風俗への批判や人生訓的言説をたっぷり英文で書き残している（全集7、二九一―三一一頁）。

（二〇〇三年十一月二十八日）

41

新島スピリットのこと

ある人間の「精神性」を知るにはどんな方法があるのだろうか。

立派な発言がそれを示すとは必ずしも言い切れない。われわれは「精神講話」という表現をあざけりを込めて使う。言葉は化粧上手である。が、「お説教」には胡散臭《うさん》さがつきまとう。また長く付き合っていると、彼（女）の立派な言説が、その場しのぎで信用できない代物、一貫性を欠くのがみえてくることもある。

人は誠実であることを示すべく、「ぶっちゃけて言えば……」と本音トークを演出する。あるいは虚偽意識や飾非（曲事を道理らしくいうこと）に過敏のあまり「不言実行」が過大評価されることもある。

しかし、言葉が重要であることには変わりなく、言葉に依存して人間世界は動いていく。精神性は、使う言葉に含まれる「良きことを欲する意志」、使命感、一貫性、言行一致性、極限状況への覚悟、などのなかに検証されるというべきか。

ここでは旅先で書かれた新島襄の書簡（全集3・4・6）や日記類（全集5・7）に注目したい。新島は見聞した具体的情報をたくさん抜き書きしているのである。たとえば一八六九年五月十日の父宛の書簡では、スプリングフィールドで見た蒸気じかけの製鉄所の機械について図解を添えて説明する。また一八八二年の「遊奥記事」（全集5）の山形周辺の記録では、東京の新聞をとる者の数、私立中学の様子、干魚の種類、物価、生糸工場の上等工女の賃金が四円七十五銭、下等工女が三十七銭五厘と一〇倍以上の賃金格差である事実をノートしている。

吉田松陰の書簡がこれと同じタイプの記録類であることは、藤田省三が解明している（「書目撰定理由」、日本思想体系54『吉田松陰』岩波書店、一九七八年、六一〇頁以下）。新島襄が具体的な情報を大量にアメリカから伝達したのは、祖国の人びとの生活をなんとか文明国なみに高めたかったからである。あるいは東北の辺隅の民情を書き留めたのは、そこに存在する眉をひそめるさせる不平等を意識したからである。新島襄や吉田松陰の「精神性」はかくも具体的である。

新入生諸君、大学は言葉の洪水地帯であることを心しておいてほしい。

（二〇〇四年三月二十四日）

42

安政三年の《過去問》

時代に立ち遅れた学校には生徒が集まらなくなる。ペリー来航で大きな打撃を受けたのは儒教を正学とする昌平坂学問所であった。そこで幕府が行ったのが安政の学制改革である。もっと役に立つ学問を教えようというわけであったが、改革後も儒官中村正直が教える午前のクラスなどは受講生ゼロの状態がつづいたという。

その改革で学問所の「学問吟味」すなわちテストの出題傾向も一変した。この試験は人材登用に関係したので問題文は厳格に封印管理されていたというが、安政三（一八五六）年の問題、つまり過去問の記録を見つけることができた。いわく「夷人の交易は我国に益なし。これを許せば国家の疲弊となり、許さざれば諸蛮一致して兵力をもって許否を決せんとす。いかに所置すべきか」（原漢文、藤川整斎『安政雑記』）。以前に比べるとずいぶん時論的テーマである。

この出題内容は新島襄が安政五年七月上旬に家老の尾崎直記に出した漢文の手紙の中身と驚くほど類似している。手紙の要旨をまとめると、「ちかごろ交易をめぐって、人々の意見が紛糾している。

ある者は交易が世界を一つにし民の生活を安定させるといい、ある者は交易は狭い日本から貴重な物資を流出させ広いアメリカのガラクタを流入させるだけで危険だと主張している。このように意見が入り交り紛糾し、交易は天下大乱の前兆のようである。騒動になれば自分は学問できなくなるから、今のうちに塾に行かせてほしい」と訴えていた（全集3、四頁。また『現代語で読む新島襄』一七頁を参照）。

新島襄が幕府の軍艦教授所に通った事実はあるが、昌平坂学問所に通ったという話はきかない。したがって上記の安政三年の「学問吟味」を彼自身は受けていなかったであろう。また安政五年の書簡では新島自身の交易に対する見解も展開されていない。しかし当時の彼の周辺の書生のあいだで、引きつづき交易の是非をめぐる騒然とした議論がつづいていたことが分かる。この時の新島襄は満十五歳の春を迎えて間もなくであった。

（二〇〇四年五月十一日）

43

岩波文庫版『新島襄書簡集』のこと

新島襄の原文を読もうとするときに、私たちがいちばん手近な資料として利用するのは、岩波文庫の同志社編『新島襄書簡集』ではないだろうか。この本は五〇年まえの一九五四年に刊行され、最近まで版を重ねている。しかも奥付には編者代表として、増刷時に在任中の同志社総長名が付されているから、世間からは同志社の「お墨付き」のある資料と見られてきたと考えられる。

しかしこの岩波本については、かねがね杉井六郎先生から資料的問題点が多いことを伺っていた。そこで今回、『新島襄全集』と比較対照してみた。すると岩波本には「中略」の表示一か所、「下略」の表示一か所あるのみなので、他は完全稿のようにみえるのであるが、実は収録書簡九八通のうち七九通に削除箇所があることが判明した。加筆箇所こそないものの、これは占領期の日本でよく行われたスマートな検閲と似た手法であり、無断削除箇所が数文字から数頁におよぶ。それらの削除部分を調査してみたところ、三八頁もの分量に達した（拙論「岩波文庫版『新島襄書簡集』と新島襄全集編集委員会編『新島襄全集』の異同について」同志社社史資料室編『同志社談叢』第二四号、二〇〇四年）。

この『新島襄書簡集』の問題点は、編集責任者が匿名である点にもある。凡例に「本書編纂の責任は、すべて、新島襄伝記編纂委員にある」と断っているが、これは『新島襄全集』全一〇巻を完成させた「新島襄編集委員会」とはまったく別物である。調査してみても一九五四年当時、そのような委員会が公式に存在した記録はない。この岩波本の典拠にあげられている『新島先生書簡集』（同志社校友会、一九四二年）をつくった故森中章光氏がみずから編集委員を名乗り、委員は彼ひとりだったと推定される。

削除内容にも気になる特徴がある。たとえば遊郭、娼妓、飲酒などへの言及の全面削除、神仏批判箇所の削除、広津友信関連の記事の削除といった特定の事項・人物への細工、新島八重書簡の不自然な省略などなど……。その結果、編者独自の解釈による新島襄像が強調されるものとなっている。

幸い今度、大谷實総長の英断により、新編『新島襄の手紙』を岩波文庫として編集することが決まった。喜ばしいことである。

（二〇〇四年六月八日）

44

支倉常長《はせくらつねなが》と新島襄

仙台藩主伊達政宗は、スペイン領メキシコとの交易関係樹立（当初は徳川家康もこれを容認）と宣教師派遣依頼の目的で使節を欧州に派遣した。フランシスコ会宣教師ルイス・ソロテと支倉常長が月の輪湾から船出したのは慶長十八（一六一三）年九月であった。

一行はスペイン国王に伊達政宗の書状を呈し、ローマでは法王に謁見し、ローマ市からは市民権と貴族の資格の名誉をあたえられたが、使節の目的は果たせなかった。布教活動のライバルであるイエズス会が仙台藩は日本を代表していないとの情報をローマに送っていたし、何よりも欧州訪問中に徳川家康がキリシタン禁令を発した事実が欧州側との交渉を困難にさせた。しかたなく帰国の途に着いたものの、なおマニラに二年間留まってスペイン国王の返書を空しく待った。結局、支倉常長が帰国したのは出発から七年目の一六二〇年秋であり、その二年後、五十二歳でひっそりと死んだ。マニラに残っていたソロテの方は支倉の死の二か月後に長崎に密入国したが捕らえられ、伊達政宗の援護もなく火刑に処せられた。

現在、支倉常長に関しては欧州から持ち帰った記念品とマニラから出した自筆書簡一通だけが残っている。支倉には一九冊の覚書などがあったというが、世に憚られ、「明治初年に県庁の倉庫にあったとの伝え」が残るだけで闇に消えた（内山淳一解説、『国宝「慶長派欧使節団関係資料」』仙台博物館）。

おなじ長期海外渡航者でも、外国滞在中に母国の政策がキリスト教排斥と鎖国に変わった支倉常長は不運であった。その反対に留学中に、母国が鎖国から開国に、キリスト教容認に転じた新島襄の場合は幸運であった。あるいは一八〇名の部下を引き連れて藩の業務命令で出発しながら悲劇に反転した人生と、時代の行き詰まりを予見して単身で脱国し成功した独立人の人生、対照的な二人を並べるといろいろな想像が湧く。

ところで歴史に埋もれていた慶長派欧使節団を再発見したのはあの岩倉使節団であった。ヴェネチアの資料館で支倉の直筆署名を見たことがきっかけである。ただし新島襄はその現場に立ち会っていない。田中不二麿らと教育調査に従事していて別行動のためイタリアには寄らなかったからである。

（二〇〇四年七月十三日）

45

弱い身体と強い精神

スポーツ紙面の見出しに躍る「雪辱」という表現が気になる。試合に負けることは「恥」なのだろうか、リベンジを遂げるまで許されないのか。期待されながらメダルを逃したオリンピック選手が国民に詫びるのも変な話で、これではメダル圏外の大半のスポーツマンは浮かばれない。現代日本のスポーツ文化は、選手に対して限りなく苛酷である。

試合には必ず勝者と敗者が生まれる。戦場においても、昔から「勝敗は兵家の常」と語られてきた。つまり勝敗は力関係だから「勝ったり負けたりすることは当たり前、……力関係で負けたために、精神まで参っちゃうのが恥」なのである（『丸山眞男手帖』第三〇号、二〇〇四年七月、一六頁）。これが戦闘者たる武士世界の伝統であった。逆境の事実に屈服しない精神性に武士道の神髄がある。

逆境の事実に屈服しない精神性という点では、新島襄はまさに武士的資質の持ち主であった。たとえば病身で動けない時でも、断じて気力をふるい精神の強さをみせた時である。晩年の新島襄は、大磯の死の床から、新潟伝道に従事する広津友信に連帯のエールを送る。「貴君よ、小生はいま、負傷腰抜けの一兵丁なり、……やむをえず精神的の伝道者となり、心ばかりは卿等と共に北越の寒風積雪中に勇飛疾走するのみ。あゝ〝老驥《ろうき》は伏櫪《ふくれき》すれども志千里に在り、烈士は暮年にして壮心止まず〟。余は自身を老驥、烈士に比するにあらず。只々この語の精神に比するのみ」と（全集4、二九五頁）。

この伝統を破壊したのが東条英機の「戦陣訓」（一九四一年）だという。「生きて虜囚の恥ずかしめを受くるなかれ」と決めた時に、東条は辞書から「敗北」という言葉を消し去り、兵士を死に尽きるまで戦う消耗品に変えた。つまり敗北の事実を恥と決めつけ、精神の敗北と同一視し、捕虜になるよりも死を強要する論理とした。明らかにこれは武士道の伝統からの逸脱である。

現代日本のスポーツ文化には、競技者にも観戦者のなかにも、この「戦陣訓」の亡霊が残ってはいないか。スポーツ選手も人間であり、断じて国威発揚用のアイテムや国民のストレス解消用の消耗品ではあってはならない。

（二〇〇四年十月二十六日）

46

「新島精神」の伝統のこと

三十年も昔の話になるが、私が教員として同志社に採用された年の秋、伝統の同立戦野球がテレビで中継されていた。なにげなく画面を眺めていると、二人の学生が「新島精神」と大書した横断幕に棒をつけて、観客もまばらな外野席の芝生を右に左に駆け抜ける光景が映し出された。これが「新島精神」と私の最初の出会いであった。外部から入社した私にそれは奇妙な隠語のように見え、新島精神の中身の見当がつかず、果たしてこれで選手は奮起するのだろうかと不思議に思いながら、ともかく新島精神がスポーツ試合関連で使用されることを知ったのだった。

また『山川均自伝』の中には、新島襄の死の数年後、岡山から入学した少年山川均の回想に「そこではやくも、新島精神地におちたりという、悲憤コウ慨の声もきこえていた。……丹波の国の豪傑が演壇に立って、熱弁をふるっていた。同志社の学生はいまや昔日の新島精神を失い、とうとうとして時流を追い、酒をのみ煙草をすうて恬《てん》として恥じざる者がある、……まるで〔山川自身を含め〕自分たちが新島先生の遺言をうけて、新島精神の擁護と同志社の精神教育の番人になったかのような誇りをもち、月謝を払って勉強に来ている学生というよりも、同志社という小宇宙の志士をもって任じているのであった」（山川菊栄・向坂逸郎編『山川均自伝』岩波書店、一九六一年、一四五―六頁）とある。

この夏、カナダ・マッギル大学の太田雄三教授が辛口の新島襄の評伝を書き上げ、近く刊行される運びとなった。太田雄三教授の話では、新島襄の死の直後から同志社学生の間には「新島精神」を論じる学生文化が存在しており、それをピューリタン的な道徳というよりも志士豪傑風の日本文化に近いものだったと見ておられる。たしかに「新島精神」が学内で語り継がれてきた史実は検証できるし、現に昨年から同志社スピリット・ウィークという行事も生まれた。ただ私たちは、新島精神が語られる際、その時その時の精神の「中身」を吟味する必要があろうし、新島精神を口にする「伝統」についても考察の課題とすべきであろう。

いずれにせよ、同志社外部の研究者によって新島襄が本格的に取り上げられる時代が来たのは喜ばしい動きである。

（二〇〇四年十二月七日）

47

新年度によせて

入学式の季節を迎えた。同志社には「同志社大学設立の旨意」といわれるすばらしい建学の理念がある。しかし儀式のなかでそれを朗々と朗読されても、内在的に理解することはむずかしい。また「どんな名文章も教科書に掲載されると陳腐になる」という言葉があるように、いかなる名言も定式化されると途端に生気を失う面も否定できない。ここに正統主義の落とし穴がある。どうすればいいのか。

J・S・ミルは、「最善の信念や慣行でさえ、機械的なものに堕する非常に強い傾向がある。だからつねに新たな独創性によってこのような信念や慣行の根拠が、単なる因襲的のものになるのを防ぐ人々が、つぎつぎにあらわれて」くることが必要である、と語った（早坂忠訳『自由論』『世界の名著38』中央公論社、一九六七年、二八九頁）。また「彼の意見がどんなに真実であっても、もしそれが十分に、しばしばそして恐れるところなく討論されるのでなければ、それはおそらく、生きた真理ではなく死んだドグマとして信奉されるだけなのである」と論じた（同書、二五四頁）。伝統の維持とは先例を模写することではない、日々創造するものなのである。

さいわい大学という制度には、毎年フレッシュな一年生がつぎつぎと入学する。いま必要なのはその新入生の新鮮度かも知れない。新島襄自身の青少年時代は、生意気で切れやすかった。そのせいか新島は生涯、活きのいい青年を大切にした。そして「倜儻不羈《てきとうふき》なる青年を圧束せず」と語り、「同志社は隆んなるに従い、機械的に流るるの恐れあり」とじつに的確に憂慮した（「遺言」全集4、四〇三頁）。これはまるで上述のJ・S・ミルの忠告をお見通しのような発言である。

今日の日本では、管理教育の成果からか、〈いじめ〉を恐れる自主規制のためか、「ウワサの専制」「常識の専制」のためか、若者が老人のような常識人になって入学してくる傾向がある。新入生諸君、世間の目をおそれず、さまざまな挑戦を試みてほしい。

入学おめでとう。


（二〇〇五年三月二十九日）

48

本格的な新島襄研究の新著二冊

この春、本格的な新島襄研究書が二冊刊行された。本井康博著『新島襄の交遊』（思文閣出版）、と太田雄三著『新島襄』（ミネルヴァ書房）、である。

本井康博氏は同志社大学神学部教授。一昨年まで非常勤講師や社史資料室嘱託職員という不遇な研究環境に身をおいて研究をつづけてきた篤学の士、紛れもない新島襄研究そして京都のキリスト教史研究の第一人者である。太田雄三氏はカナダ・マッギル大学の日本史の教授。もともとは比較文学を専門とし、これまでモース、チェンバレン、ハーン、内村鑑三、新渡戸稲造、神谷美恵子などの評伝で新境地を拓いてこられた。

本井氏の新著は、副題に〝維新の元勲・先覚者たち〟とあり、「政治音痴」の新島と「宗教音痴」の維新の政治家たち、の交流の史実を丹念に追跡する。また書き出しを「新島襄は牧師である」と始めることが象徴するように、これまで教育者としての面が強調されてきた新島像を、キリスト教伝道者として再評価することにある。新島襄に魅せられながらもあくまでも資料に基づき、学問的な検証を進めている。

太田氏の新著は、これまでの新島論が「かれを偶像化、神格化したとも見える高い評価と、辛辣な批判的な評価がただ共存してきたように見える」とし、新島を対象化し、突き放しながらその実像に迫ろうとする。そして本井氏とは対照的に、新島襄の行動様式のなかに、政治音痴どころか、なかなかの政治的手腕「やり手、策士という印象」を見る。またキリスト教信仰をめぐっても手放しの評価はしない。植村正久の「洗礼を受けた企業的豪傑」の言を引用しながら、「結局、洗礼を受けた士族的愛国者として終わったと言えるかも知れない」（三六六頁）と想像しておられる。

しかし両書に共通する点も多い。第一に、ともに説明が資料実証的であることである。出典を誠実に示し、これまでの新島研究の成果や発掘された史実を丹念に精査しながら筆を進めている。第二に両書を読み進んでいくと、単に新島襄の生涯だけでなく、明治という時代の息吹が読む者に伝わることである。新島襄研究の水準が飛躍的に高まったといえるのではないだろうか。

（二〇〇五年五月十日）

49

演技か、本気か

新島襄の「自責の杖」の挙についてはいろいろな反応がある。以前、アマースト大学での学会で出会った江藤淳からは、「新島襄というとあの事が……」と強い印象をいだいていることを直接聞いたことがあった。同志社中学に入学した時に初めてこの話を聞いて、強い嫌悪感を感じたと話す人もいる。また佐々木惣一博士のように、人の居ないところで行うべきだった、とする声もある。太田雄三氏は「演技的行為」（太田雄三『新島襄』三四三頁）だとみる。

いずれにせよカリキュラムをめぐる学生紛争に関して、徳富猪一郎ら主導者の処分問題が起ったときにみせた新島襄のこの挙動は非合理的な決裁であったため、それを見撃した学生の「心的状態」に訴えるものであったが、後々まで非合理的反響を残している。

うそっぽい所作をさして人は「演技」という。そこには虚偽意識、偽善への非難が込められている。ところで俳優のようにはじめから演技を職業とする者の場合には演技が公認されている。観客は作り事を前提に、ウソと知りつつ「真迫の演技力」に喝采する。その反面、俳優以外の者が実生活で演技することは許されないとする通念がある。

しかしある意味で、私たちの日常生活のあらゆる所作は、実はすべて演技なのではないか。ただしそれは本気の演技なのである。たとえ無意識でも、演技のまじらない人生は存在しない。父親は、小遣いをねだる時の娘の特別の甘い声にだまされる。それにもかかわらず、日常生活の場での演技は、俳優の場合とは違って警戒され、許せない行為とされているところに複雑さが生まれる。

問題はしかし振舞われる相手側が、それらの挙動にたいして虚偽意識を嗅ぎとるか否かにむしろあるのではないか。そして厄介なのは、虚偽性を嗅ぎとるモノサシが人毎に違うことである。ある所作をある人は本気と感じ、他の人は演技と感じ取る。多分にその違いは、受け手側の問題なのかもしれない。

激情型の人間は、理性や計算を超えて身体の方が先に行動してしまうところがある。新島襄は話が激してくると、よく涙したことが、周辺で目撃されている。熱涙の人ともいわれる。天性の教育者というか、その学生を吸引する力は人並みはずれたものがあった。そんな延長線上に、あの「自責の杖」の一件が起り、目撃生徒に深い影響を刻印したのではないか。

（二〇〇五年六月七日）

50

有偏有党のすすめ

「不偏不党」の言葉を持ち出して他人の発言を批判する手法は胡散《うさん》臭い。「お前の見解は片寄っている、許せない」という訳であるが、この種の不偏不党の主張は言論封じの妙薬でもある。反対意見を述べて説得を試みるのではなく、議論以前に、道徳的に許せない言動だと決めつけ、発言封じの武器にするからである。

この手法は、いろいろな見解を出し合い、討論によって最良のものを探す道を封じ、言論活動を貧しくする。非常識だ、片寄った見解だ、と決めつけることで物をいい言わせず、自分の「常識」にしたがわせる。あるいは自分の見解を自明の常識あつかいする。これは「常識の専制」とでも言うべき手法であり、それは言論の自由を抑圧する。

しかし、本来、議論というものは、片寄りつまり独自性や個性的見解を前提にして存在する。「異端は早咲きの真理である」（ギトン）という言葉もある。少数意見を尊重するのは、それがやがて多数が承認する正論となるかも知れないからである。

新島襄が大切にした「倜儻不羈《てきとうふき》の青年」とはハキハキした態度で独立心が強く、世間体にとらわれない青年のことであった。新島襄はこうも言ったという、「我が校の門をくぐりたる者は、政治家にまれ、宗教家にまれ、実業家にまれ、文学者にまれ、少しく角あるも可なり。奇骨あるも可なり。ただ決してかの優游不断にして安逸を貪《むさぼ》り、苟且姑息《こうしょこそく》〔その場しのぎの間に合せ〕の計を為《な》すが如き者たらざらんこと、これ襄が切に望み、偏《ひとえ》に希うところなり」（「軟骨漢たる勿れ」石塚正治編纂『新島先生言行録』福音社、一八九一年、一一〇頁）と。

「不偏不党」の言葉におびえて、発言を自主規制する社会に言論の自由の実質はない。自由社会に必要なのは、むしろ「有偏有党」の見識の競演であり、多事争論の自由である。

これは昔むかしの出来事ではない。今日でも切実な問題である。マスコミ人が事前に有力政治家のところにご意見拝聴に出掛ける日本、テレビのワイドショーを通じて感情も世論も画一化をすすめる日本において、他人事ではない。同志社から気骨あるジャーナリストの出現せんことを祈る。

（二〇〇五年七月一二日）

51

岩波文庫版『新島襄の手紙』の刊行

かねて準備中の同志社編『新島襄の手紙』が、今年のホーム・カミングデーに合わせて出版に漕ぎつけた。旧版『新島襄書簡集』の刊行から五十一年目にあたる。

『新島襄の手紙』は「旧版」の「増補版」でも「改版」でもない、まったくの「新版」である。今回この本に収録された手紙の総数は九六通で旧版よりも二通すくないが、総頁数は多い。新規の採録は五六通、旧版と重複するものは四〇通である。旧版にはなかった英文の手紙を二二通、現代日本語に訳して採録した点も本書の大きな特徴となっている。いずれも『新島襄全集』を底本にして作業した。「旧版」にみられた恣意的な文章の削除箇所を元に復しただけでなく、収録に際しては追伸を含めて完全採録を方針とした。「旧版」の削除箇所一覧については、拙論「岩波文庫版『新島襄書簡集』と新島襄全集編集委員会編『新島襄全集』の異同について」(『同志社談叢』第二四号、二〇〇四年)を参照されたい。

英文の手紙を加えたことによってアメリカ時代の恩人や友人との交流の様子、帰国後のキリスト教伝道事業や教会合同問題をめぐる新島襄の姿が一段と鮮明になった。また政官財界の指導者や大物宗教家との交流を示す手紙も収録したが、それに劣らず同志社英学校の教え子宛の手紙も数多くある。

現代の学生が漢和辞典を引かなくても読めるようにと配慮して、原文の語調を生かしながらも、漢文体の文章は書き下し、難解文字にはルビを多めに付け、カタカナ交り文は平がなに直した。ただし新島襄独特の言い回しなどにはそのまま残してある。各手紙の冒頭には解題をつけているが、そこにはこの半世紀に蓄積された新島研究の成果を込めたつもりである。

編集にあたっては正規の編集委員会を立ち上げた。編集委員長の大谷實同志社総長の下に、英文学の北垣宗治同志社大学名誉教授、新島研究の柱石である本井康博神学部教授、それに同志社社史資料センター所長で日本思想史専攻の私の三人で編集実務を担当した。三者の分担を決めて仕事を進めたあと、それらを持ち寄り、すべてについて三者合議のうえでテキストの確定作業を行った。さらに北垣教授によってインデックス用原稿、本井教授によって年表原稿が準備された。この一冊を通じて人間新島襄を身近に読んでいただくことを念じている。

（二〇〇五年十月二十五日）

52

明治の青春――同志社編

新島襄が生きていた時代の学生生活が活写された記録がいくつかある。河野仁昭氏が同志社社史史料室室長時代に同所から復刻した『創設期の同志社――卒業生たちの回顧録――』（一九八六年）と『池袋清風日記』（一九八五年）。なかなか入手困難な『同志社五十年裏面史』（からすき社、一九三一年）。そして入手どころか閲覧もままならぬ図書館貴重室保管の『同志社ローマンス』（警醒社、一九一八年）が思い浮かぶ。種々の実体験記録や談話史料、日記史料で構成されたそれらには、相互矛盾した記述が含まれるが、それだけにいわゆる同志社正史を補完する多面的な「自由な空気」が見え隠れする。

またこれは新島襄没後の学生生活記録ではあるが、山川菊栄・向坂逸郎編『山川均自伝』（岩波書店、一九六一年）をひもとくと、同志社に学び暮らす明治の青春群像が、生き生きと描かれている。山川均が同志社補習科に入学したのは明治二十八年、まずは堂々たる建物に驚嘆している。しかし学校は極度の財政難で、野草を摘んでミソ汁にする柏木義円先生の清貧ぶりも語られる。寮の食堂は、米飯は月三円、麦飯月二円八十銭であるが、ほとんどの学生が麦飯。地元の安い食材を使うため春はタケノコづくし、秋は松茸ばかりで、牛肉は週一回、魚は見たことがない。給仕係は苦学生のアルバイトであった。

しかし、よく学びよく遊び、青春を謳歌している。門限の鐘がなり寮門がしまると自習時間になる。授業では毎日テストがあるので寮生活で予習が欠かせなかった。自習がおわると「暴雨のようににぎやか」なアミダくじのカンパニー（いわゆるコンパ）が始まる。一銭か二銭を出資してカキモチ、砂糖菓子などを買ってくる。

服装は着流し（袴なしの略装）だが、「同志社はん」と町で「なかなか信用があった」。「酒も煙草も、ヨセや芝居なども不文律で禁じられていた」。

週五日制で、日曜日は魂の修養のため、土曜日は肉体の鍛錬のため休日であった。土曜日、大多数は「弁当を腰に下げ、ワラジばきで近郊に遠足」。山川均の場合は土曜ごとに三里の坂道を大津まで高下駄で歩いて往復し、琵琶湖でのボートに興じている。七人乗りボートのリーダー（整調）は大分出身の都留信郎（都留重人の父親）で、山川均は舵をとるキャプテンなので「私は、いつも都留と向い合っていた」。同志社は「北海道から九州まで、全国から集まった」才能や書物との出会いの場であった。

（二〇〇五年十二月六日）

53

あるチャット

「どうも濃い髭づらが邪魔をして、今の若者たちから私は敬遠されているようですな」。うたた寝をしていると、どこやらでよく見かける人が話かけてきた。この顔は、たしか本校の創立者新島襄のようである。「キャンパスのあちこちに同じ肖像画があるせいか、あなたのイメージは固まっているし、その風采はとても今風とは思えませんね」と思わず答えたが、顔をみると意外にあたたかい眼をしている。あわてて「しかし近ごろあなたの手紙は現代語訳で読まれているし、まんざら不人気でもないですよ」とフォローした。

「ほうー、現代語訳？　なんでそんな必要があるのですか」。「あなたの英文の方は今もまったく違和感がないのですが、和文書簡の方は今や難解そのものです」。「ということはこの百年で英語は変わらなかったが日本語は激しく変化したのですな。それなら日本人も日本社会も進歩したことでしょうな」。「うーん？　経済構造はともかく、精神構造の方はどうでしょうか。あなたが『人種改良論』（全集1）で話した日本人は嘘つきだと論じた点などはまだまだです」と白状する。

「あの指摘は、十年近くの米欧暮らしから帰国した時、いちばん気になった点でした。だから、嘘で保身を図った封建時代の弊害を改めるには、コンシエンス、良心の養成が必要なのです」。「残念ながら嘘は、二十一世紀の今の日本でも大流行です。なにせ連日、新聞テレビでは偽装や虚言が話題です。経済の二重構造はかなり解消しましたが、倫理の二重構造は昔以上かも知れません」。

「コンシエンスを福沢諭吉君は『学問のすすめ』で《至誠の本心》と訳し、私は《良心》としましたが、もう少し内容的な訳語を当てるべきだったかも知れない」。

「と言いますと？」

「あれは私が暮らしていた十九世紀中葉のアメリカの公民の教科書によく登場した市民道徳のキーワードです。人間の定義を、それまでのコチコチのキリスト教神学よりも幅を拡げて理解する。そもそも語源からいうと、コム＋サイエンス、つまり《サイエンスとともに》なのです」。

「そういえば中国語では《是非感》と訳してますね」。「人間を是非の判断能力を有する主体と定義する。それを欠くと世間的規範と自分の欲望とを要領よく使い分けながら嘘つきの世渡りをする。倫理は内面化されず自己欺瞞と二重倫理の生活となる。そこで日本の未来に『良心の全身に充満したる丈夫《ますらお》の起り来《きた》らん事を』と願って、劣才ながら私新島襄は大学設立事業に命をかけたのです」。

「なるほど、なるほど、納得です」と答えたところでチャットは終わった。

（二〇〇六年四月七日）

54 「信教の自由」のこと

『新島襄全集』に収録もれの〝幻の「同志社大学設立の大意」〟を紹介、分析した太田雅夫氏の論稿（『新島研究』第九七号、二〇〇六年）はきわめて興味深い。そのなかで新島襄は同志社教育と宗教の関係をこう説く、

しかれども吾人はあえてその信仰の如何《いかん》を問わず。仏者なり儒者なり神道家なり又無宗旨家なりその品行にして方正なるに於ては、我が大学は喜んでこれを入れ、その望む所の学術を教授し、もって国家有用の人物たらしめんと欲す。我が大学の門戸は広く開け、我が大学の空気は自由なり。学生もし基督教をもってその精神を練磨せんと欲せば之を信ずるも可なり。もし又該教を嫌忌し神儒仏もしくは自己の能力をもってその心術を鍛錬せんと欲せば、各自の信仰に随いて之をなすもまた自由なり。我が大学は豈《あに》これらの自由を束縛する者ならんや（同書、二〇六―七頁）

同志社大学は、たしかにキリスト教主義、自由主義、国際主義を建学の基本に謳っている。いずれもすばらしい普遍的価値である。しかし大学は道徳注入機関ではなく真理探究の場である。教育・研究と宗教とは一線を画す。またもし仮に、この三者の優先順位を迫られたとすれば新島は自由主義を最優先したのではないか。

「信仰」は、生まれた国や所属集団の法律、慣習、伝統とは無関係に、人間それ自体を捉える。だから各自に自分の信仰を選ぶ自由を認めるのが近代国家の原則である。開国によって流入した西洋文化の観念のなかで、「信教の自由」・「政教分離」は日本の風土に定着していない観念のひとつであろう。この国は織田信長が石山本願寺の合戦で勝利して以来、政治家が宗教・道徳を統治の道具として利用し、支配してきた。最近も政治家による教育基本法いじりが始まった。伝統的に政教一致、むしろ「政教なれ合い」文化の国なのである。

新島襄は「信教の自由」の真の意味を理解していた数少ない日本人であった。教え子のなかには柏木義円のような卒業生も出現した。柏木は国家神道優勢の真っ只中で「宗教は利用すべからず。……日本の在朝在野の政治家の宗教政策なるものは、明治大正両時代にわたりて、この宗教利用の外に出《い》で申さず。神聖に取扱うべき宗教を弄ぶとは、人の良心を侮辱するもので、実に不真面目、不敬虔を極め候」（『上毛教界月報』第三〇七号、一九二四年六月二十日）と野で叫んだのだった。

（二〇〇六年五月十六日）

55

*Doshisha Faculty Records 1879-1895*の出版

すこし古い話になるが二年前、標記の本が同志社社史資料室（当時）から刊行された。これは初期同志社（一八七九―一八九五年）の教員会議議事録で、大半はラーネッドが記録していた。本書の後半部はすでに児玉佳與子氏の翻刻で『同志社百年史　資料編二』に収録されているが、全体の七六％を占める前半部の原本が行方不明で刊行が遅れていた。以前、前半部の難解な筆跡を翻刻し出版の準備したのは長年社史資料室におられた松井全氏である。この原本のコピー複写が発見され、懸案だった校訂が可能になり、北垣宗治氏による監修と解説によって刊行に至った。

当時の同志社は三学期制で新年度は九月に始まり六月に終了した。一八七九年度の教員スタッフは新島襄、デイヴィス、ラーネッド、ゴードンに、第一期卒業生の市原盛宏、森田久萬人、山崎為徳を加えた七名であった。会議はこのメンバーで金曜日等の夕方、年間四十一回開かれていたことが分かる。わずか七名の会議であるのに、意思決定の方式としては全会一致制をとらず、ひんぱんに評決制を採用していることが目をひく。平等に成員各自の意思を表明する決定方式は組合派教会人らしく、画期的だったと思われる。

また定期試験の日程やカリキュラムが各学期毎に記録されていることも興味深い。驚くのは新島襄が正規の授業科目を担当していないことである。残り六人と外部講師で人文・自然・社会科学を忙しく教えていた。新島は毎月第一、第五日曜日の説教と月曜日の祈祷を受けもっていた。

一八七九年度の三学期にあたる一八八〇年四月十三日にはあの新島襄の「自責の杖事件」が起きたが、特別の記録はない。四月七日、件《くだん》の授業合併の評決（新島襄も出席）。四月九日、朗誦を三日休んだ学生へ一週間の禁足の評決（十二日にその取り消し）。そして四月十六日、新島と山崎為徳が欠席していた会議において「新島氏は休息を取るべきであるという先生方の意向を市原氏が伝達することが評決された」とある。議事録は「自責の杖事件」をめぐる『同志社百年史』等の通説を一新した本井康博教授の『新島襄と徳富蘇峰』の記述の正しさの傍証となる。また、新たに三学期のカリキュラムの正確な内容や決定日が明らかとなった。不良学生への警告や退学などの評決はあるが、徳富猪一郎らが自主退学したことの記載はない。

（二〇〇六年六月十三日）

56

教会合同問題と新島襄

晩年の新島襄が、一致教会と組合教会の合併問題に一貫して反対した姿は「感情的」と評されるほどであった（太田雄三『新島襄』二八一頁）。つまりここには新島の価値意識が強く現れていた。事実、徳富蘇峰宛に「会中一個人の権理を重んぜざる」傾向を指し「今回は実に吾人執る所の主義の戦争なり」とまで書いた（全集3、六四四頁）。なぜだろうか。

維新革命を経ても変わらない難問はタテ社会の構造であった。新島はいう「士族連中は圧制諸侯の下に生成し、足軽は徒士《かち》の下に制せられ、徒士は徒士頭に……番頭は家老、家老は其の主君の下に服従したる習慣の中に生息したる人間に真の自由の志操を期すべからず。……身の上に自由なき、志操自由なき人間より、俄然明治の時代と変化し来《きた》るも、人民中十に八、九は維新前の残物なるべし。陽に自由を好むも自由の人民にあらず。矢張り上に干渉すべき頭を戴きたがる傾向なき能はず」と。そして個人が対等立場で発言する会議のやり方は、じつは組合教会内でも不十分だった、「試みに我が党の教会を見られよ、真に自治主義、コングリゲーショナル主義を知りて之を履行する人物は幾人ぞある」（以上、「一致・組合両教会合併問題に関する稿（十一）」、全集2、五一七―八頁）。

太田雄三氏は洞察するどく、新島における教会合同問題を「自由主義に立つ教会を維持することによって社会全体を自由と自治の精神に富んだものにしようという志向の表現」（太田、三〇四頁）とみる。まったく同感である。ただ太田氏はこの時の新島の言行を、「多くの信徒にとっては彼らの現実の人生や実感とはあまり関わりのない」だろうから、「問題の立て方が現実から遊離した人工的なものだった」（太田、二八四―五頁）と推測する。

むしろ逆ではないか。組合派教会員ですら気づかない点に日本社会の病理の深刻さがあったといえるし、アメリカ生活で「真の自由の志操」を体験していた新島ゆえに、いまだ日本に残る士族社会の残滓には敏感だったと思われる。

新島襄は諦めるどころか、感情的なまでにこのタテ社会の改善を説きつづけた。ここに宗教上の平民主義者の真骨頂があったと評価したい。その新島だからこそ『新日本之青年』『将来之日本』で世論を沸かせた徳富蘇峰の政治上の平民主義と「旅連れ」（全集3、四八七頁）の共鳴関係が生まれたのであろう。新島襄を「士族的愛国者」（太田、三三八頁以下）とそう簡単には呼べない。

（二〇〇六年七月二十五日）

57

宗教的人間のこと

アメリカ人のなかにも宗教的人間と非宗教的人間がいる。日本人のなかにも宗教に対して感受性の強い人と無関心の人がいる。キリスト教熱の盛んなアメリカ東部、ニューイングランドに着いてほどなく、新島襄はアンドーヴァーにあるフィリップス・アカデミーに通学することになり、ミス・ヒドン宅に下宿した。その家は、アメリカ生まれの宗教的人間・フリント夫妻と日本生まれの宗教的人間・新島襄の「出会い」の場になった。

その出会いから十七年後に届いたフリント夫人の書簡（一八八二年十月二十九日）においても、「私たちは今なお一つの心であると感じます」とあり、かつて両者が共有していた共生の空気が、生き生きと熱く再現されている。むかし彼らは一緒にすわって聖書を読み、宗教的感動を共有していた。とくに「神はそのひとり子を賜ったほどに、この世を愛して下さった」（ヨハネ三章十六節）の箇所では、新島の口から力強い言葉が出て感銘が広がったという。この事実は新島襄のキリスト教信仰が、きわめて内在的にそして個人主義的に培われたことを示している。だから、生涯揺らぐことがなかったのであろう。独立市民型の信仰と呼べるのではないだろうか。

ところでクリスチャン同士が仲が悪くなると、よく「あいつの信仰がわからない」と言い合う。内村鑑三も後年になると、新島襄や同志社人に向けてこの言葉を発した。要するに日常の言動が自分の描くキリスト者像と食い違うという訳であろう。しかし、どこか筋がちがうのではないか。そもそも、信仰は個人がそれぞれ内面的に得たものであるからである。

それとは別に、宗教が衰退する時期もあるし、世の中には非宗教的人間、宗教音痴もいる。右のヨハネ福音書の説明を何度聞いてもピンとこない人間――実は私なのだが――にとっては、そのせいかキリスト教に馴染めないままできた。もっとも、「無心になれ」という言葉にも違和感を覚えるので、禅宗の悟りとも縁遠い。そういう人間にとって、内的信条・信仰の問題を外側から強制されない同志社の自由さは貴重だと感じている。


（二〇〇六年十月二十七日）

58

新島襄は泳げたか

新島襄関連の資料をみていて、新島襄が泳いだという記録に未だ接したことがない。さりとて泳げなかったという情報もない。実情はどうであろうか。

まず推測されるのは藩校で「游泳」を習った可能性である。上州安中にあった藩校造士館の時間割には、「昼八ツ時より夕七ツ時まで」（午後二時頃～四時頃）、「弓術・砲術・柔術・游泳」とあり、「夏季に至り近傍の川流にて子弟に水練を教ゆ。立ち泳ぎ・抜き手等の技あり」とある（文部省蔵版『日本教育史資料一』）。

時の藩主板倉勝明はとりわけ教育熱心で、天保年間に藩校改革を実施し、「年寄役以下諸士卒族に至るまで、在職非職を分かたず老若の別なく平常文武の道を研窮せしむ」（同書）と定めたから、藩士は全員泳げたはずである。ただ新島少年が育ったは江戸藩邸である。そこにも造士館と称える演場はあったが、その実態は「調査する事を得ず」（同書）と不明である。自伝には藩校における漢学、蘭学、剣術、乗馬の話はあるが、水泳への言及はない。

水練でもう一つ考えられるのは、新島が幕府講武所のなかに設けられた軍艦操練所に入所していた事実である。幕府は黒船ショックから、一八五六年講武所を設置し、旗本子弟から浪人にまで剣槍砲術水泳を教授したという。また水戸藩士太田捨蔵のように、講武所で水府流泳法を発展大成させ、明治になって隅田川に道場を開設した人もいる（〝水泳〟、平凡社版『世界大百科事典』）。新島襄はそこで航海術を学び、文久元（一八六一）年には「軍艦操練所世話役」を命じられたし、後日、洋船「快風丸」に乗り組んだのだから、隅田川あたりで立ち泳ぎ・抜き手に熟達していたと推測する方が自然であろう。

それにしても幕末の安中藩では、諸士卒族男子に限られていたとはいえ、「貴賤少長の差別なく」教育の機会均等を実現し、「優等なる者」の藩外遊学まで制度化していたのである（文部省蔵版、前掲書）。この改革された藩校のおかげで新島少年の学才は開花し、勉学指向型人間に育ったのであった。

（二〇〇六年十一月二十七日）

59

桜の季節に

「親元を離れて下宿ですか?」

入学式にむかう坂道で見知らぬ男から話しかけられた。無視しようかと考えたが、顔を眺めると濃い口髭を生やしている割りに目元は優しい。

「ぶしつけに話しかけて失礼。君を見てると、昔の自分のことを思い出してね。」

「そうなんですか」となま返事を返しておく。

「私の場合は、品川から函館まで船で四十日もかかる旅でね、しかも途中の金華山の先で修学用の所持金のほとんどを使い込んでしまい、函館に着いてみたら肝心の先生は他所に移って居ない。どうしようかと思いましたよ」と生々しい。

「ハチャメチャじゃないですか。」

「いやー、お恥ずかしい。しかし、破格のない青春なんてやつはありませんよ。小うるさい親父から解放されたこの機会は逃したくなかったので、まずは父親宛に、〝すべて順調〟、と手紙を出したんです……。」

「でも今のお姿、立派ですね。」

「さいわい、日本語を習いたいロシア人神父さんの住み込み教師をしながら、アメリカ密航のチャンスをねらっていたら、強運にも成功したんです。」

「ほんとうですか。それこそ破格の青春ですね。」

どうやらこの人はこの大学の創立者、新島襄らしい。

「今日の入学式で私の宿志を演説しますが、戦後六十年、日本の大学は私の理想に近づくかと思っていたら、最近、雲行きがあやしくなってきた。何しろ閣議の時、直立して総理を出迎えないのは不忠だとのたまう馬鹿な政治家も出て来て、教育改革をやり始めたんですから。

官立大学の教育は人間を《偏僻の模型中に入れ》ロボット人間を造るおそれがある。だから《独自一己の見識を備え》た人物、《自個〔己〕の運命を作為するが如き人物を教養する》場所として私学同志社を創設しました。それは《良心》つまり個人の内面的価値判断能力を、集団よりも、国家よりも、校則よりも何よりも優先させる自由人の原理です。貴君も、自分は自分の主人公となっての四年間を送って下さい」と言い残すとどこかへ消えていった。

（二〇〇七年四月二日）

60

田中真人さんのこと

この三月、人文科学研究所でつづけてきた研究会「同志社社史資料の研究」班が終了し、その研究成果として七冊の資料集を刊行することができた。そのひとつは『新島襄書誌目録』である。これは同志社社史資料センターの『同志社談叢』に毎年掲載されてきたものを一冊にしたもので、一九九五年の「新島襄の総合的研究」が始まったとき以来、四期十二年にわたるこの系列の研究会の歴代研究補助者が作成してきた目録を、田中真人さんが集約の労をとったものであった。このほか今回、田中さんは『同志社理事会記録摘録』(二分冊)の取りまとめ役を担当し、また宮沢正典氏は『同志社女子専門学校職員会誌庶務記録』をまとめた。

他は、『新島襄宛英文書簡集』(三分冊)で、新島襄宛の英文書簡約四八〇通の解読・活字化を共同で行ったものである。これらの手紙は『新島襄全集』に未収録だった資料である。今回もまだ完全に解読しきれなかったので未定稿に留まったが、これでも新島研究に寄与するところ大きいと考える。今後の課題として完全版の製作、出版が急がれる。

ところで『新島襄全集』を使用して人文研で研究会を開催することを着想したのは人文科学研究所教授の田中真人さんであった。第一期の三年間は新島襄の和文、英文書簡を年代順に読み、キーワード入力作業を行ったが、その舞台回しを周到に手配したのが田中さんであった。それは、日本社会主義史研究の第一人者田中真人さんが、同志社にきて築いたもうひとつの顔、キリスト教社会問題研究者の姿であった。

以来、十二年間、私は田中さんと一緒に研究会を率いる歳月を過ごしてきた。その間、二〇〇二年には『新島襄全集を読む』（晃洋書房、二〇〇二年）を出版することもできた。この十二年間の長い研究会が三月に終了した直後の二〇〇七年四月四日、西行の辞世の和歌にあるような桜花の下の春の日に、田中真人さんは死んだ。長い闘病の身体を強靭な精神力で生き抜き、死の前日にも研究作業への緻密な配慮を語りながら。

（二〇〇七年五月十五日）

61

宗教的体温のこと

人間を行動にかりたてる動機づけのうち、生命を賭けてまで熱中するものに金、愛（あるいは性）、権力、宗教の四つがあると、マックス・ウェーバーがどこかで言っていた。宗教は時々、人心を熱狂させる。同志社には、聖霊が同志社に降ったということで学生たちが異様な躁状態になったリバイバル（信仰復興）の例がある。一八八四（明治十七）年三月ごろの話である。

「今日は日本開闢以来の……一大奇事萌《きざ》せり、……キリスト昇天後ユダヤの国ペンテコステの節に降臨の聖霊、我《わが》この同志社に復臨し玉へり」というわけで学生群が礼拝堂に集い歓喜に震えていた。さらに祭壇の前で「悪魔はなきか」と同級生を選別しはじめた。宣教師ゴードンは気が触れた学生に薬を飲ませようとするが、ゴードンを指して「これ宣教師なるも悪魔なり」と叫び礼拝堂の入口に鍵をかけたため、ゴードンは窓からの突入を試みていた（『池袋清風日記　明治十七年上』三月の項）。ある学生は自分と救世主を神秘的合一させていた。宗教にはこの種の狂乱的側面を呈する面もあるし、歴史上には宗教過剰による病理現象もしばしば現われる。

リバイバルが起きた時新島襄はどうしていたか。鎮静化に努めていたようである。「今回聖霊降臨に感激するの余り、試験前をもいわず地方伝道に出でんとする者多ければ」、それを止めさせようと「デビス氏英語にて話し、市原〔盛宏〕氏激《げき》して話され、新島先生泣て話さる」とある（同書、一二五―六頁）。またこのころ新島は二度目の渡米を実行したが、かの地でリバイバル熱を伝道事業の成果として披露し、学生の手紙を見せながらアメリカ人の募金意欲を刺激していた。

それにしても、金と性と政治と宗教の四要素の浸透ぐあいで世相が規定されるとすれば、高度成長後の日本社会の特徴はどうか。豊かな日本に目撃されるのは「金と性」への旺盛な関心と、「政治と宗教」への無関心で、そんななかで人々の日常は過ぎてゆく。しかし政治家という国を動かしている権力指向集団もいる。かれらはたとえ善意にせよ、元来、宗教家の領域であるところの心の問題に干渉し始めた。日本には十六世紀末織田信長が一向宗門徒を征伐して以来、政治家が宗教を治安の道具に利用してきた歴史がある。この国は強大政治と貧弱宗教の伝統、政教非分離の文化が根深いことを心しておこう。

（二〇〇七年六月六日）

62

妻・八重の老後資金

以下は年金制度も社会保障も未整備のころの話である。一八八八年七月二日新島襄は難波医師らから重い心臓疾患を告知され、死を覚悟した生活がはじまった。

この時の新島襄は「熟考するに、……一歩も退かざるは平素戦士の心得たるべしと存じ候間、養いながらも進むべき覚悟にござ候」（後掲、土倉庄三郎宛書簡）と語り、細心の健康管理を試みている。たとえば「漫遊記」には「飯《め》シヲ減シパンヲ食スベシ、脂《あぶら》ナキ肉ト魚ヲ食スベシ」とあるが、ついでに八重夫人に関しても「八重ノ脂肪ヲ減スルノ法　三十日間試行スベシ」と付け加えている（全集5、三四九頁）。

こうして新島は引退静養の道を選択せず、医師の警告に反して、人生の残りの時間を推進中の大学設立事業の達成に賭けた。天父と邦家と同胞に向かって「竭《つ》くすべき覚悟これ有り、……戦場よりは一歩も退かざるつもりに候」（土倉宛書簡。以下同じ）と。また新島らしいのは「病変はいつ来るか知れ申さず……将来の用意も必要かと存じ申し居り候」と、周到な気配りをみせたことである。

同志社の将来については、社則、校資、後任いずれの件もほぼ段取りができていると自信をみせる。しかし「ただ心に残すところは妻の一事なり」であった。「小生なき後に、……同人貧困の時の用意をなし置き候て、暮年に及び乞食とはなしたく存ぜず候」。

このために彼が考えたことは、奈良の山林大地主であり、新島襄の学校事業の理解者であり後援者であった土倉庄三郎に働きかけて、マッチの軸になる樹木を植える事業である。その共同出資者となり、二十年後、利益を共有する工夫であった。老後の妻の万一に備えるために、この「コンパネー」を企画し、みずから三百円の出資を提案する。もし利益がでなかった時でも「それまでの事にて、貴殿にご心配は毛頭かけ申さず候」としている。なかなか愛妻家であった（この土倉庄三郎宛書簡は、岩波文庫『新島襄の手紙』一八八八年五月十一日。全集3、五六八頁以下）。

（二〇〇七年七月二十日）

63

I.Scheiner, *CHRISTIAN CONVERTS AND SOCIAL PROTEST IN MEIJI JAPAN*のこと

一九七〇年に刊行されたシャイナー著『明治日本におけるキリスト教改宗者と社会的発言』は、明治政府に抗して道徳的発言を行うキリスト教改宗者たちの社会的意義を分析したものである。

そのなかで新島襄とその教え子たちの言行を精力的に取り上げている。日本思想史研究の第一人者の業績だけあって、優れた明治キリスト教思想史研究であるとともに、これまで海外で刊行された本でもっとも本格的な新島襄論であろう。しかもまだ『新島襄全集』のない時代にこれだけのものが書かれていたのである。その点で本書はもっと同志社で取り上げられていいと思われるし、日本語訳が出されることが望まれる。

このなかでシャイナー教授は新島襄が学んでいた頃のアマースト大学の思潮を以下のように紹介している。十九世紀後半のアメリカは神学の衰退期であったが、社会一般に宗教熱は存在していた。神学が衰退するなか、知的追究を優先する大学と、宗教的情熱が優勢な大学とが分岐するが、アマースト大学は後者の信仰防衛を目的とする保守的な大学であった。そのアマースト大学の宗教熱は、心理

的、実践的なものであったという。

新島襄が入学する一年前に、アマースト大学には大きな、また最後の信仰大覚醒（リバイバル）が起きていた。そして道徳的十字軍の意識が漲《みなぎ》るなか、学生間には衰退した神学への関心よりも、国内国外へのキリスト教布教を希望する傾向がみられた。聖書に関しては、スターン学長はその無謬性を主張するほど単純な教理主義者ではなかったが、聖書の有する実践的価値を認めていた。

そしてスターン学長もシーリー教授も大学教育の最重要課題として、学生のキャラクターを形成して卒業させることを掲げていた。そのキャラクター養成は、教理問答よりも自分自身の内なる声に正直であること、つまり良心の尊重で実現すると考えられた。こうしたキャラクター重視の結果、宗教を共通の公理としてよりも、内面的個人的な行動の理念として捉えるようになったという。

新島襄はしばしば同志社の学生にむかって、キャラクターの養成を説いたことは知られている。その背景には私淑したシーリー教授の影響が濃厚にあることがここに浮かび上がる。しかし封建時代を脱したばかりの日本でキャラクター養成を説くことは、別の新しい意味を帯びてくる。すなわち権威の偏重に慣れていた日本人に対して、個人の尊厳と人格養成をうながす人物養成論として、革新的な機能を有したのであった。

（二〇〇七年十一月一日）

64

『同志社五十年裏面史』

この本は『裏面史』と題されているから、何やら「きわもの」の印象をあたえるが、そのような作品ではない。「緒言」によると、もともとは同志社校友会から嘱託され、『同志社五十年史』の校本として準備された。ところがなぜか校友会が刊行を取りやめたという経緯がある。「緒言」にいうところの「種々の談話」が集められ「面白く読ませるやうな物」として企画されたためであろうか。青山霞村の個人の著書として、からすき社から一九三一年に発行された。

誤植が多いのは残念であるが、本書には珍しい史料や生き生きした学生生活の様子が収録されており、大学史研究上の優れた史料である。たとえば「同志社通則」の削除をめぐる甲論乙駁の箇所では、三十二対四十四に割れた投票者の全氏名と肩書が載せられ、さらに評決を避け退場した者の氏名もある。実名で多くの卒業生や教職員の登場していることが、校友会に出版を断念させた理由のひとつかも知れない。

新島襄の受洗を親に伝えた時の次のような情報もある。

憶起すシリイ総長及び余が一八七十二年（明治五年）東京におつた際、襄氏に依託せられて、その父君に氏が基督教を信奉したことを告げたが、その時予等は老人の非常なる感動を見、またその外貌に顕はれる所によつて、……如何に老人に深き印象を与へたかを認めた（二四四頁）。

これはアマースト大学副学長エドワード・ヒッチコックの書簡（一九〇七年二月二十七日）の引用である。

『新島襄全集3』には木戸孝允宛の新島書簡（一八七二年五月三日）がある。それは、訪日を計画しているシーリー教授の世話を依託する紹介状であることからして、明治五年にシーリーとヒッチコックが新島民治に日本で会ったのことは確かであろう。

新島民治からすれば不肖の息子、襄が異国でキリスト教徒となったことを知らされて、大きな衝撃を受けている姿が浮かぶ。それは、はたしてヒッチコックが解釈したような喜びの感動だっただろうか。当時の日本のキリスト教への根強い偏見、また民治がさほどキリスト教の知識を身につけていなかったと推測すれば、この時の父がみせた外貌は喜びよりも、反対の、強い困惑の姿だった可能性が大きい。

（二〇〇七年十二月一日）

65

外国人教師の世話

新島襄を教育事業家としてとらえてみると、生涯のかなりの部分をなぞることができる。そこには寄付金行脚《あんぎゃ》をつづけ、教員集団をまとめ、設備校舎の整備等々に目配りする学校事業家の側面と、学生に人格的影響を刻印した教育者の側面がある。前者の活動の一端は、『新島襄全集1』の「同志社記事」などに窺《うかが》われる。苦労のひとつは外国人教師の面倒をみることであった。宣教師としてアメリカから来日し長く異郷暮らしをつづけるのが大変であることは、近年のオーティス・ケーリ先生でもそうであったろうが、開国まもない明治期においては想像を絶するものであったろう。たとえば、

「明治十年五月八日、ドーン氏ノ妻病ニ罹《かか》カレルヲ以テ、解約ノ上、京地ヲ去ル」。

ドーン夫人が精神的に変調をきたして出奔したため、生徒ら総出で捜索し、二日後、八瀬近くの谷で発見して連れ戻した事件が背後にあった。

「明治十一年五月廿一日、テーロル氏京都府下ニ於テ授業スルヲ許サレザルヲ以テ遂ニ解約シ、六月六日京都ヲ去ル」。

これは医者の資格をもつテーラーが医療宣教師として治療投薬行為などを希望していたが、槙村正直京都府知事が許可しなかったという官庁との軋轢の結果である。

「明治十二年十二月十一日　教師デビス神経病ニ付支那迄遊行シ、十三年一月五日来京ス」「十四年一月十日 デヴィス氏脳病加養ノ為家族ヲ引キ連レ欧州ニ出発ス」

「明治十九年四月 同氏ノ妻ソフィア……身ヲ海中ニ投シ死ス……発狂ニヨル」とある。

デイヴィスと新島襄は同志社英学校開校時の二名だけの教師であり、新島が死際に「余と兄《けい》と親ある兄弟の如し、……余面会スルヲ得ざる残念」（「遺言」全集4）と残したほどの仲であったが、デイヴィスも限界ギリギリのストレスと闘いながら、新島の片腕として同志社教育を忠実にささえた宣教師であったといえよう。

新島襄の遺言には「日本教師と外国教師の関係ニ就ては努めて調停の労ヲ取り、以て其の円滑ヲ維持す可き事、余は是迄幾度か此ノ中間ニ立て苦心あり」とある。滞米欧生活十年で身についたアメリカ社会理解があって実効的だった調整役だけに、自分の死後をおもんぱかり「将来と雖《いえど》も社員諸君が日本人教師ニ示スニ此ノ事ヲ以てせんことを望む」と不安を隠さなかった。

（二〇〇八年四月一日）

66

各教会の独立

教会独立の重要性にこだわりつづけたのが新島襄であった。その執念のすさまじさは教会合同問題が起きたころの書簡に現れる。例えば小崎弘道宛に「小生の意見は他にあらず、飽くまでも各教会がインディペンデント・セルフコンプリートネスを失はざる様に致したき積りなり……我が自由を失ふも厭《いと》わずして一致するには及ばずと存じ候」（全集3、五一七頁）と書く。

今日、振り返ってみれば、この新島の宿志は、おおむね実現していないのではないか。なぜなら、日本基督教団という包括的組織がこの国の新教諸教派をおおっていることを、教会部外者の素人目には不思議に感じるからである。

一九四〇年に施行された悪法「宗教団体法」によって、仏教界や教派神道も宗派を整理しつつ国家公認の宗教団体となったが、なかでも無理やりに実態をゆがめながら合併を進めたのがプロテスタント諸教派であった。組合教会（同志社の教派）を含め新教二十余教派をまとめて日本基督教団が作られた。それらの公認宗教団体は、文部省管轄に服し、宗教報国を担った。

敗戦から四か月後の十二月、この悪法は廃止された。そして今日、仏教界からはこの悪法の痕跡が消えたようにみえる。つまり各宗派ごとに大本山があり、宗教団体法的規制は消滅している。私にとって不思議なのは、キリスト教界が、悪法の廃棄と同時になぜ日本基督教団を解散しなかったのか、という素朴な疑問である。

戦後、進駐軍とともにキリスト教は陽の当たる場所を得た。それなのに日本基督教団は、一部の離脱はあるが、解散しなかった。いや、だからこそ解散しなかったのではないか。自分たちの時代が来た時、政治的思惑で教団を残した一面はないか。教派独立の気概よりも政治的優位を維持する思惑が優先したことはなかったか。ちなみに、敗戦直後の東久邇内閣が唱えた悪名高い「一億総懺悔」運動の発案者は賀川豊彦牧師であったという（中野好夫『主人公のいない自伝』筑摩書房、一九八五年、五九頁）。

しかし、諸教派の包括的合同は、各教会独自の教理・信条を曖昧化していることは否めない。教会史家は敗戦時の様子をどう分析しているのであろうか。冒頭に引用した新島襄の言葉は、今なお、この国の教会のあるべき課題を予言しているようにみえる。

（二〇〇八年六月一日）

67

思想家としての新島襄

新島襄の抱いていた心情や道徳観は、書簡、日記、説教のなかに簡単に見出すことができるが、まとまった思想（一貫性、徹底性、合理性、概念性を備えた主張）は、著書がないこともあり、見つけにくい。むしろ歩んだ人生そのものが人々を魅了してやまない存在だったといえよう。そんななかで新島襄の思想性が強く表れた箇所を挙げれば、教会合併反対の時の発言であろう。まずその発言量が多いことは『新島襄全集2、3』に明らかである。そこでは一貫して、合併すれば組合派（コングリゲーショナル）が一致派（プレズビテリアン）に絡《から》めとられ、教会の自主性、民主性が失われる危険性を指摘して止まなかった。

その論理は鮮明である。「一致派」と合併することは、あたかも「自治の精神を具《そな》えた」一少女が、伝統格式ある旧家に嫁ぐようなものである。ひととき成功しても「その子々孫々までも永く自治の元気を遺伝せしむるや否は決して保証すべからず」とする。「貴族政治即ち寡人政治」に対する「共和政治」「自治主義」の問題であるとも語る（全集3、五二五頁）。

つまり一致派の「牧師長老又は執事などには兎角権柄の帰し易」く、それが「我が東洋」では危ないという（全集3、五一八頁）。ここには「番頭は家老、家老はその主君の下に服従したる習慣の中に生息したる人間に真の自由の志操を期すべからず」という状況認識があった（全集2、五一八頁）。そして「我が邦家千百年の後の世迄自由の泉となるべき民治衆治を失うの憂いあれば、我必ずムシロ旗を立て我が自由の為に戦わざるを得ず」と声を張る（全集2、五〇八頁）。

この合併反対の主張と行動は、合併賛成派の信徒達（教え子の熊本バンド出身の多くの者も含む）からは、後々まで不評であったが、おなじ熊本バンド出身でも年少の異端児・徳富蘇峰は深く新島の立場を理解し支援していた。

この時の新島は、教会という小集団の民主的運営、つまりシビル・リバティーを問題にしていた。一言でいえば、アメリカ市民社会に暮らして体得した「自発的結社」の論理を日本社会に移植しようと図った、といえるのではないか。しかし当時の日本は、まだまだ自発的結社を「徒党」と見なす徳川社会の習慣が人心に根強くあった。日本人がボランティアの役割に本格的に目覚めたのが、阪神・淡路大震災であることを思えば、新島襄の思想は百年早すぎたのである。

（二〇〇八年九月二十九日）

68

人生の意味づけ

人間は自分の意志でこの世に生まれてくるのではない。誕生した後で意識が発達し、自分探しの旅がはじまる。そして厄介にも、自分の存在理由、生存の目的を後から自己自身で創りつづけねばならない存在なのである。

経済成長を前提としない徳川伝統社会では、人の踏むべき「常の道」というものが想定されていた。道は天下の大径であり、一刻もおろそかにしてはならない、と説かれ、いわば社会公認の存在理由が万人に与えられていた。しかし近代では、高村光太郎が「私の前には道がない」と『道程』でうたったように、道は自分が歩いた後ろに創られる。ここに近代人の自由があるが、同時に不安も生まれた。明治は解放の夜明けであるとともに煩悶《はんもん》の夜明けでもあった。

この問題での新島襄の感化力は相手による。海老名弾正などは、「先生には折々上京せらるゝに付ては、その土産話が承りたい。（中略）先生たるものは天下の形勢を洞察して、我々学生を警醒し鼓舞せらるべきである」と、不満をぶつけている（同志社交友会編『新島襄先生記念集』一九六二年再版、一四一頁）。もっと声高の激励がほしかったのである。だが新島は自分の価値観で生徒を染め上げるタイプではなかった。浮田和民は「先生は人格に作り飾りが無く、普通の人と同じ様で、狼狽《うろた》へる時には狼狽へ、煩悶する時には煩悶せられるといふ風で、全く人間味たっぷりの人であった」（同書、一四六頁）と回想する。

後に日銀総裁になる深井英五は、貧乏な苦学生であったが、一度だけ個人的に新島と会った。新島はそのとき「学校を卒業して、如何《いか》にして就職しやうかと云ふ事を考えるのは、抑々《そもそも》末である。人間は自分を修養して置きさえすれば、為《な》す可《べ》き仕事は何処に行ってもある。自分を修養して、世間の為めに何《ど》うしたらよいかと云ふ事を考へさへして居たらよい。就職等と云ふ事に齷齪《あくせく》する様な考へで勉強してはいけ無い」（同志社社史資料室編『創設期の同志社』一九八五年、一二三頁）と、リベラル・アーツの精神を声低く語ったのであった。

深井はその印象を、「何だか自分に一種高尚な気分と、揮って出来るだけの努力をしてみたいと云ふ元気が移された様な感をもった」「新島先生に逢った時に言はれた事が、今日に至る迄私の心理状態を支配して居る。同志社の教育の根本の主義も茲《ここ》にあったので尊いと思ふ」（同書、一二三―四頁）と語る。

（二〇〇八年十一月二十日）

69

ピューリタン魂か個人的動機か

学校事業家としての新島襄の姿が躍動するのは、大学設立運動の時である。例えば教育界の現状を「永く封建の抑圧中に生息し、不文無学に昏睡し居たりしが、……旧来の迷夢を一覧して実用の学術に傾向せしも、その日たるなお浅く、未だ充分に専門学科の必用なることを知らざる……」と分析したうえで、世間にむかって「我輩は……手を束《つか》ねて傍観坐視すべきか、豈《あ》にそれ然からんや。怠《たい》惰《だ》偸《とう》安《あん》は事業の賊なり。一日もって一日を遅怠せば、将《はたま》たいずれの日にかその成功を望むべけんや。ただ奮進もってこれを担任するあらんのみ」(「同志社大学校設立旨趣」、全集1、六七頁)と声を張る。

北米修学時代の養父、A・ハーディーは新教・組合派《コングリゲーショナル》教会の有力幹部であり、かつハーディー商会を経営するピューリタン事業家であったが、新島襄の場合も、同志社英学校を軌道にのせたあと、病身をおして飽くなき情熱を大学設立のためにそそいだ姿勢は、いかにも新教徒的仕事人の姿である。それは、マックス・ウェーバーが『プロテスタンティズムの倫理と資本主義の精神』のなかで描写した「労働を使命とし、良心的態度にもとづく合理的職業労働に寸暇を惜しんで従事する人物」、「鋼鉄のようなピュウリタン商人」の心情を連想させる。

ただ、以前私がアマーストに暮らしていた時、こんな体験をしたことがあった。それは娘の同級生の母親であったが、少しでも余った時間があると小学校に出かけ、憑《つ》かれたようにボランティアの仕事する女性であった。それで、さすがニューイングランド新教徒の典型と独り合点していたのであるが、その後、この一家の祖先はアイルランド移民で、根っからのカトリック教徒であることを知った。彼女の活動を動機づけていたものはピューリタニズムではなかったのである。

新島襄の場合にも、大学設立運動にむかう情熱を、単純にプロテスタンティズムの倫理のみに帰してはならないのではないか。幕末、藩主が代わって不本意にも勉学を中断させられた時に感じた肉体的ともいえる痛み、その時に蓄積された心理的憤懣《ふんまん》の傷跡が明治の青年ための大学づくり熱の根底に潜んでいたのではないか。

（二〇〇九年四月一日）

70

安部磯雄の青春

同志社社史資料センターの第一研究部門、新島研究会の手によって『安部磯雄日記――青春編――』が刊行された。明治十四年から二十八年までの日記五冊分、他に付録として同志社創立六十周年記念講演などが収録されている。

青春編というが、自己制御が完璧なこの人物の日記に文学的面白味はなく、若き求道者がきまじめに記した祈祷会の議事録といった内容である。しかしそのなかに後年の安部磯雄の片鱗をうかがわせる個所がある。

例えば、明治十四年五月八日、函館の宣教師デーニング氏（英国人）が来校し、新島先生宅で説教し、午後には教室で学生に聖書への疑問に答えた記事がある。ある学生が、「神何故《なにゆえ》先祖アダムに罪を犯す力を与えしや」と皮肉な質問をし、それに答えるあまり要領を得ないデーニングの説明を、安部磯雄は懸命に記録している（一四頁）。

またこれは後年の回想であるが「同志社に来て如何《いか》なる事が起ったか。……御承知ならん、相国寺の松林や芝生を。毎朝そこに行くと宿る所無き巡礼、乞食が芝生で一夜を明かしている。実に憐れな状態である。私は何気なく近所でパンを買い施した事が幾度もあった」（一六二―三頁）と語る。

若き学生、安部磯雄のなかに芽生えた問題意識は、聖書への懐疑と相国寺境内に三人、五人と行き倒れになっている貧困者の問題であった。アメリカ留学の時にも「米国に於いては、……なぜ一方ではキリストの教訓と奇蹟のごとき事とが一所に書かれたか、という聖書の歴史的価値の問題と、貧乏問題―社会問題の二つを研究主題とした」（一六二頁）。

さて聖書問題では、新神学に触発されベルリン大学神学部に移って勉強し、やがてユニテリアンに近づいていった。科学的態度が強かったように思われる。

次の「何故世の中にかく貧乏人が出来るか」に関しては、「五年生になってラーネッド先生の経済学を習った」（一六三頁）のをきっかけに、社会主義経済学を学ぶ。やがて日本の初期社会主義者のリーダーとして明治三十四年の「社会民主党宣言」の起草者となった。

「宗教と経済」（安部磯雄の卒業演説のタイトル、明治十七年）に両足をおいたその足跡は、まことに「良心」に貫かれた生涯であった。

（二〇〇九年六月一日）

71

「ボストンの蔵原惟郭」

同志社社史資料センターの紀要『同志社談叢』第二九号（二〇〇九年三月）に「ボストンの蔵原惟郭」が掲載された。これで、これまで不鮮明だった蔵原惟郭《くらはらこれひろ》の生涯が相当明らかになってきた。蔵原惟郭は「熊本バンド」のひとりで、創立期同志社の暴れ者、倜儻不羈《てきとうふき》の青年の典型ともいうべき学生で、同志社を中退した人物である。

書いたのは長らく法学部で非常勤講師をつづける岡林信夫氏である。人間の私生涯に並々ならぬ興味をもって描く岡林氏の仕事ぶりは、凝り性ともいえる細密な資料探索と軽妙な文体を特徴とするが、今回もその腕がいかんなく発揮されていて実に面白い。

とくに新資料が見つかったわけでないが、すでに知られている少ない資料の解読にあたり、蔵原の周辺に出没した山根吾一、片山潜、内村鑑三などの人物、さらには渡米熱やシーメンス事件といった時代背景を配置することで、蔵原惟郭という人間の面白さ、その破天荒の骨太の生涯に迫っている。

恩師新島襄との交流の描写も見逃せない。蔵原は同志社在学六年にして、最後は宣教師と合わず、唐突に同志社を去る。その時、新島校長に送別の言葉を願ったのに応《こた》え「君は真に抗慨男児、……過激にして恰《あたか》も烈火噴水の如し。君にして之に加うるに沈思熟慮を以てせざれば、他日事を為すの日に於て或は大に誤る所あらんか」（全集3、二一八頁）と恩師は記す。実に的確に蔵原の人柄を捉え、鋭く将来を心配する言葉であった。

新島が二度目の渡米をした時、蔵原惟郭もボストンで苦闘中であった。進路相談やら推薦状やら、何かと蔵原は新島を頼りにする手紙を出している。それに対して新島は、いささか持て余しながらも激励し、世話を焼く。そして「私の身体は君より少し大きいが、部屋の内なら着られるでしょう」、と岩倉使節団随行時代に欧州で買った二着の古着を和歌をそえて贈っている。

蔵原君に吾が十二、三年余りも着た古着を進呈して
ととせほど着て恥ちさりし古衣《ふるころも》
送る我身のこころばせ知れ
（全集3、三六三頁）

蔵原は新島襄からの書簡類を、そしてこの古着を宝物のように大切に保存していたという。うれしかったのである。

（二〇〇九年九月二十六日）

72

密航者の不安

海外旅行に出発する際には、出国時、航行中、入国時の三局面において非日常的な緊張がつきまとう。ましてそれが渡航禁止の国法を破り、所持金わずか四両だけでアメリカまで行こうというのであれば、その不安たるや想像を超えたものがある。

新島襄の場合、第一局面の密出国は意外にも順調に進んだ。自分の大胆な計画を旧友の塩田虎尾と函館で出会った福士卯之吉、沢辺数馬、菅沼精一郎、そして米国船籍ベルリン号船長W・T・セイヴォリーに打ち明けたが、いずれもが新島襄の意気に感じて協力してくれた。徳川体制のタガが緩みはじめていたこともあろうが、信頼できる相手を見抜く眼力、そして相手をその気にさせる新島襄の不思議な人間力が感じられる。

航海中の苦労は、上海までのベルリン号と乗り換えたワイルド・ローヴァー号で異なるが、日常身の回りの世話を他人にさせて当然とする世間知らずの武士の子が、船長の下着まで洗濯しながら人間的に成長していった様子については以前に書いた（「新島襄の洗濯」、拙著『のびやかにかたる新島襄と明治の書生』所収）。

いちばん不安にさいなまれたのは第三局面、ボストン入港後も入国できず船内で過ごした十週間だったのではないか。その時、新島がH・S・テイラー船長に嘆願したメモがテイラー宅に残っており、書かれてから十七年後にハーディー家に渡され、A・S・ハーディー著『新島襄の生涯と手紙』のなかに収録されている。

「悲しいことに、私には金もなく愚かです。私の周囲ではあなた以外に活路を拓ける人はいないのです。ですから、どうぞ、私に私の目的を達するための適切な道を指示して下さるよう心をこめてお願いします。もし私の目的に届くようにしてくだされば、私はあなたの親切と徳を忘れる事はありません」（拙訳）と書く。

テイラー船長も、新島が勉学目的で渡米を志す青年であることを知ったうえでワイルド・ローヴァー号に乗船させた以上、アメリカでの受入れ先を見つける責任を感じていたはずである。また長い航海を共にして新島の人物と能力を見抜いていたはずである。用意周到に、船主のハーディー家に落ち着かせる仲介の労をとってくれた。それは「アメリカの父」との幸運な出会いとなった。

新島襄にとって日本出国の恩人はベルリン号船長セイヴォリーであり、アメリカ入国の恩人はワイルド・ローヴァー号船長テイラーであった。

（二〇〇九年十一月二十日）

73

筆圧の微妙な揺れ

付き合っていた恋人と別れるための手紙は、外国語で書くのがよい。外国語なら自分の気持ちを隠し、言いにくい言葉を他人事のように並べることが出来る、とゲーテがどこかに書いていた（書名を思い出せない、ここにみずからの老人性認知を自覚する）。

そのケースと対照的なのは、自分のために密かにメモした手記や日記の文章であろう。文字の大きさ、強弱、濃淡、手直し、抹消などのなかに、書き手の微妙な心境の揺れが垣間見える。活字化される以前の、生の資料を読む時の面白さはこの辺にある。

かつて科学史の島尾永康先生は、留学中の新島襄が数学の教科書の表紙裏にエンピツで書いた興味深いメモを発見し、論文「新島襄と自然科学」（北垣宗治編『新島襄の世界』所収）のなかで紹介された。同志社社史資料センターにある現物を調査してみたところ、気になる一文が目にとまった。それはメモの最後部分に特に小さく薄い文字で四行ほどを付け足して書き、それを上から強い斜線一本で消している文章である。

それは、あたかも言ってはならないこと、考えてはならないことを考えメモし、そして抹消しているようなのである。「貴殿のかくいはるゝは金の為哉《ためか》　若し金の為ならばワしに金を借〔貸〕し下され　ブラウンの為なら八小子少し論あり」と読むことが出来る。

他の箇所と合わせて推測すると、「貴殿」なる人物が在学中の新島襄に対して学校をやめてブラウンの下で仕事に就かないかと持ち掛けたようなのである。ブラウンとは、横浜ですでに宣教活動に従事していたサミュエル・ブラウンの可能性が大きい。この数学の教科書に書き込まれていたふたつの日付、一八六七年五月九日（フィリップス・アカデミー在学中）と一八六七年十一月七日（アマースト・カレッジ入学初期）からみると、アメリカに到着してまだ二年目に起きた話である。

「貴殿」とは誰であろうか。今回、私は「貴殿」とはアメリカ時代の養父ハーディーではないかと推測して、ふたりの関係を考察してみた（拙著『明治思想史の一断面――新島襄・徳冨蘆花そして蘇峰』九〇頁以下）。

恩人ハーディーに対する懐疑の念だったから、ことさらに小さく弱い筆圧の文字になったのではないだろうか。

（二〇一〇年四月二日）

74

知識と救済、牧師と資格

ガンで入院した患者のなかには、自分の病状を根掘り葉掘り主治医に質問する人がいる。必死になる心情は無理もないことであるが、その様子をみた看護師さんが「正確な病気情報を得れば、ガンが治ると誤解しているのではないか」とつぶやいていた。するどい観察である。

「魂の救済」の問題にも同様な面があり、聖書に詳しい者や神学的知識の持ち主に天国が保障されているとは限らない。知識と救済とは別次元なのである。

さて教会は牧師と平信徒で構成される。牧師の資格はキリストからパウロへ、その弟子から弟子へと「按手礼」という儀式で継がれてきたが、牧師も人間、いろいろな人がいる。礼拝の説教は凡庸すぎても、特異すぎても信者はついてこない。「さすが」と思わせる話は知識だけでは生まれず、偽善的パリサイ人は信徒から見破られる。

他方、平信徒のなかにも啓示をうけて、あるいは劇的な人生経験によって、すばらしい言葉を持つ人もいる。自分の内的体験に促されて「神のことば」を伝える説教師も出現する。彼らは十八世紀前半、牧師のポストをハーバード大学卒とエール大学卒で固めていた新大陸の教会に向かって「聖ペテロは漁師でございやした。エール大学に通っていたとお思いか？」と痛烈に批判した。

教会側も反撃した。こうして「回心体験なき牧師」は危険と唱える人々と「資格なき牧師」は危険と説く既存教会とが対立する大覚醒時代を迎えたのであった（斎藤眞「アメリカ革命の背景としての大覚醒」『日本学士院紀要』第五一巻第二号、一九九七年二月）。

熊本洋学校の生徒たちに深いキリスト教精神を植え付け「熊本バンド」の生みの親となったのは校長L・L・ジェーンズであった。そのジェーンズを、熊本洋学校廃校のあと同志社に迎える構想をデイヴィスが熱望し、ボード（アメリカ伝道会社）に働きかけたが、結局、実現しなかった。

森永長壹郎氏の研究（「何故同志社はキャプテン・ジェインズを獲得できなかったのか」『新島研究』第一〇一号、二〇一〇年二月）によると、ジェーンズ不採用の理由は予算枠がないことの他、ジェーンズが実は平信徒であったこと、「新島がボードにもハーディにもジェインズのことを書かなかった」ことが挙げられている。熱血教師ジェーンズも宣教活動では資格に問題ありだったが、ことの背景には遠く太平洋をへだてて連絡をとる交信上の行き違いも大きく作用していた。

（二〇一〇年六月一日）

75

岩波文庫『新島襄 教育宗教論集』のこと

今年の同志社創立記念日を目標に、岩波文庫の二冊目として『新島襄 教育宗教論集』の編集が進んでいる。論集は、教育論、宗教論、文明論の三部構成をとる。

「教育論」では、「同志社大学設立の旨意」を筆頭に大学設立関連の言説、行政機関への申請書類、キリスト教主義教育論、女子教育論など十九篇を掲げる。新島襄は私学同志社を創立した教育事業家として、高校日本史の教科書にも紹介されるなどよく知られているが、改めて国家創設期における教育の役割が浮かび上がる。

「宗教論」では、新島が、教育事業とならんでキリスト教伝道事業にたゆまぬ情熱を注いだ宣教師であり、牧師であったことを裏付ける十六篇を収録する。

新島の宗教言説は、説教用のメモ書きなどが中心で把握しにくかったが、今回はまとまりのある英語説教なども翻訳で掲載されている。明治初期キリスト教界における大論争、教会合同に関する覚書も、三篇だけであるが収録されている。

北垣宗治名誉教授によれば、新島襄の信仰は「アメリカ会衆派の学校とアメリカの友人たちを通して学んだ福音主義から逸脱することはない。イエスはあくまでもキリスト（救い主）である。罪という、死に至る病からの回復は、聖書が示すキリストを受け入れることをとおしてのみ実現すると彼は確信していた」という立場であった。

「文明論」の七篇は、文明開化ブームの真っ只中の日本に、十年ぶりに帰国した新島襄の目に、明治日本がどのように映じていたかを知ることのできる興味深い言説である。当時、文明開化を主導していたのは、「明六社同人」であった。しかしそれらのほとんどは書物から得た知識による啓蒙活動であった。

これに対して新島襄には、米欧社会で十年近く生活し、肉骨化した西洋体験があった。言論の自由、自発的結社の存在とその意義などを生活体験として知っている新島の文明観は、ひと味ちがう深みをみせている。またここでは、新島が進化論に興味津々の態度をみせる姿が浮かびあがる。この「文明論」で語られる進化論と、「宗教論」における福音主義とはどう共存しているのか。新島研究の新たなテーマも浮上する。

（二〇一〇年九月二十五日）

76

新島襄自身の「ハーモニー」？

ルターの宗教改革の最大の功績のひとつは『聖書』を情報公開したことにある。それまでカソリック聖職者が独占的に所有し、解釈し、下々《しもじも》に説教していた聖書を、印刷技術の助けもありドイツ語に訳して万人に公開したのであった。

そこで生まれた学問に「ハーモニー」がある。マタイ・マルコ・ルカ・ヨハネの四福音書には太い共通点とともに多くの細かな相違点がある。そこで統一的解釈（ハーモニー）を得て、神の真実の言葉を確定しようとして始まった。『蘇峰自伝』のなかに「予は新島先生から……四福音書の調節とでも云うべきハーモニーやら、又た四福音書中の馬太《マタイ》伝か馬可《マルコ》伝かの講義を聴いた」（九三頁）とあるから、昔の同志社でも教えられていた。

「ハーモニー」のその後はどうか。聖書を絶対的真理と仰ぎ、「統一的見解」を化石のように保守する原理主義の教派は今も存在する。しかし他方、テキスト校合は驚異的な聖書学の深化を引き起こした。聖書考古学、比較言語学、統計学らを用いた成果であろう。今日、四福音書のなかで明らかに異質なヨハネ伝を除外して三福音書の比較（synoptic）が進んでいる。

特徴的なのは、以前は解釈の障害物と思われていた相違点を、むしろ重要視していることである。何故ちがうのか、ちがった書き方をした意味を考察することによって、かえって聖書の世界の豊かさを増すことになった。この手法は思想史における資料の扱いと共通していて興味深い。

さて、わたしが提案するのは、この相違点に着目した資料解釈の手法を、新島襄自身の二つの自伝的文章に適用してはどうかということである。新島本人の書いた「脱国の理由」と「私の若き日々《マイ・ヤンガー・デイズ》（青春時代）」には細かな食い違いがある。これまでの評伝では、それらの相違点を、統一的に解釈しようと試みて苦労してきた。むしろ反対に、同一人物が自分の過去を何故ちがって表現したのか。その真相に迫ってみてはどうか。そこから本人の深層心理が明らかになるのではないだろうか。

ある事柄について、以前と発言がぶれたとすぐカッカするのは法学者であり、状況に応じて平気で正反対の発言をするのは経済学者である（例えば公定歩合の上げ下げ）。言説の変化には、自己欺瞞の場合もあれば有意味の場合もある。同一の事柄に相異《あいこと》なる表現がみられることは真理性に反するであろうが、かえって「心の真実性」を表わすことがある。生身の人間の言説を研究対象とする思想史の面白さと困難さはこの辺にある。

（二〇一〇年十一月三十日）

77

新島襄のエントリー・シート

　昨年の秋学期、法学部の小クラスで新島襄関連の授業を行った。そしてレポートの課題として、新島自身の書いた二つの略歴、「脱国の理由」と「マイ・ヤンガー・デイズ」の比較を課したところ、とても面白いレポートが現れた。新島の二つの文章執筆の動機付けを論じ、アメリカ生活の体験前と体験後の差の二点に着眼した和田剛君（政治学科二〇〇八年度生）のものである。

　いわく「脱国の理由」を書いた時の心境は「現代で言うエントリー・シート的な要素をもちあわせている」のではないか。すなわち、就職活動でエントリー・シートを書く時は「必ず相手の企業をほめる」。まして新島の場合は「ハーディー夫妻という内定先がなければ命の危険すらあった」のだから、その「必死さは『脱国の理由』におけるアメリカ賛美ににじみ出ていると言えるだろう」。「新島はあくまでもアメリカに魅せられた青年になる必要があった」とする。これに比較して「マイ・ヤンガー・デイズ」の方では、アメリカ賛美がはるかに少ないことを指摘していた。さすが、三年次から就職活動に従事する最近の学生ならでは、のするどい着想であると感心するとともに、この和田君の見解を否定できないのではないかと感じている。

さてこの「脱国の理由」の執筆経緯であるが、通説では、ワイルド・ローヴァー号を降り船員宿に籠《こも》って三日がかりで書き上げ、ハーディー氏が一八六五年十月十一日に受け取ったとされてきた。しかし十月十一日は、新島の手記「航海日記」では船から降りた日であって矛盾する。またこの迫力あふれる四〇〇〇語をこえる英文を独力で三日間に書き上げる英語力がその頃の新島襄に備わっていたかは、はなはだ疑問である。

私は、ボストン港入港前あるいは停泊中の船内で、テイラー船長の助けを借りて作成したものであるという仮説を立てている（伊藤彌彦『明治思想史の一断面――新島襄・徳富蘆花そして蘇峰――』六五頁以下）。上海で新島を乗船させた以上、テイラー船長は無事アメリカに入国させる責任を感じていたはずで、作文を手伝う動機がある。また雇い主である船主ハーディー氏の人柄をよく知っていたから、ハーディー氏を感動させる作文作成をコーチするには最適の人物だったからである。その成果がエントリー・シートの傑作「脱国の理由」になったのではないだろうか。

（二〇一一年四月一日）

78

『新島襄全集5』日記・紀行編のこと

幕末、豊かな才能を生かせず不満の溜まった青年が向かった先のひとつは尊王攘夷の政治活動であり、もうひとつは外界への関心に触発された旅行という知的冒険であった。吉田松陰のように両方を実践した例もあるが、新島襄の場合は後者であった。

旅には、紀行文学という分野ある。多くの人が出かける名所旧跡に足を運び、前評判通りの光景を前に新たな「見立て」をし、それを文章にし、時には和歌、漢詩を添え文人墨客の評判を得るという伝統である。明治以降でも志賀重昂や和辻哲郎の紀行文にはその面影がある。

それに比べ『新島襄全集5』に収録されている文は紀行文学とは無縁である。読まれることを想定していたとは思えない。むしろ自己の足跡の記録・備忘録であり、収集した情報のメモ帳であった。漢詩や和歌もあるが、それは心に湧いた心情をその都度書き留めたもので、それだけに切々たる感情・意思が伝わってくる。

青年期、アメリカ上陸までの新島の日記・紀行は、自己の心理状態を忠実に記録している。四千坪の藩邸のなかで閉塞していた青年が外界を呼吸した喜びは玉島紀行に始まり、やがて函館行き、密航渡米という冒険に及んだ。それらは、人と外界との出会いによる自己成長の旅であり、情報収集の旅であった。密航船中の日記は異文化接触の記録でもあった。

後半生の日記・紀行は事業家新島襄の情報収集ノートでもあった。たとえば「遊奥日記」一八八二年、の冒頭には次のような調査事項のリストがある。

地理　水理　人口　気候　風俗　民情　政党　学校（官有　公有　家屋）宗教　食物

物産等　新聞ヲ読ムノ人物　新聞ノ種類　物価　野菜類　果物

これにしたがって山形県米沢、山形、酒田等の主要市部、福島県の会津若松、喜多方、三春等の情報がメモされている。福島県令三島通庸の強引な道路開設事業と地元有識者との衝突のなまなましい記述もある。

また「出遊記」をひもとくと、徴兵令の適用を巡って、大山巌、〇〇（伊藤博文を指す）、森有礼、田中不二麿、九鬼隆一ら政界要人と交わした談判の様子がわかる。田中不二麿を指して「天下ヲ患《うれ》フルノ士ニアラス」と嘆くように、今回は知人も期待通りに動いてくれなかった。

通読してみると新島襄はなかなかキリスト教伝道に熱心である。後半生の日記・紀行は教育事業家、伝道事業家としての新島襄の姿を浮かび上がらせている。

（二〇一一年五月二十七日）

79

新島襄はアマースト大学の編入生？

在学期間が三年間だったにもかかわらず、新島襄はアマースト・カレッジを理学士（Bachelor of Science）として卒業している。しかも、特別生としてではなく正規生としての卒業なのである。当時、四年制だった大学をなぜ三年で卒業できたのだろうか。四年分の単位を取った飛び級卒業であろうか。すでに解明されている科目履修状況からみて、その可能性はない。

それならば新島襄の入学の仕方に起因するのではないか。アマースト・カレッジ途中編入学生だったとみるのがいちばん合理的ではないだろうか。

一八七〇年四月五日付のハーディー夫人宛の書簡に新島襄は次のように書く。「アンドーヴァー〔フィリプス・アカデミー〕を私が離れるときのお話では、アマースト〔カレッジ〕で二年間、アンドーヴァー〔神学校〕で一年間学ぶようにとのことでした。しかし私は決められた期間より一年も長くアマースト・カレッジにおりました。悲しいことに病気のために今年の半分ほどを無駄にしたのでしたが」「あなたのお手紙はこの九月から二年間神学を学ぶために私をアンドーヴァーに行かせることを伝えています」と（新島襄全集6、七二頁）。

つまり養父ハーディー氏側の最初の計画では大学で二年間学ぶことになっていた。それが三年かかってしまい、しかも三年目後半は病気治療のためにほとんど単位を取っていないと言うのである。この点は新しいダリア・ダリエンゾさんの受講科目の研究結果とも一致する（「アーモストの輝かしい息子」『新島研究』第九八号、二〇〇七年二月、三八八頁以下）。

新島が進学した一八六七年度についてアマースト・カレッジの統計表をしらべると、当時の学費は八一ドルで、教員数一六名、一年生七〇名、二年生六二名、三年生四四名、四年生四九名（内、卒業は四八名）、二年編入六名、三年編入八名とある（W. S. Tyler, *History of Amherst College*, 1873, p. 627）。この三年編入生八名のうちのひとりが新島襄だったのではないだろうか。

しかしなお残る謎は、なぜ編入学が可能だったのかという点である。新島の数学の高い学力が評価されたことは十分考えられる。それから養父ハーディー氏がアマースト・カッレジの有力な理事だったことも挙げられよう。そのハーディー氏の強い意図は、新島を一日も早くキリスト教伝道者に仕立てることにあったから、（本人を差し置いて）大学卒業にこだわっていなかったのかも知れない。

それはともかく、新島襄の編入学を認めた当時のアドミッション・オフィスには、実に、人物を見る目があったといえよう。規則を杓子定規に当てはめる官僚的機関でなかったのであろう。

（二〇一一年九月二十六日）

80

「ドアが閉まります。ご注意ください。」

電車に乗るたび、なんども聞くアナウンスである。なにか変ではないか。この表現ではまるでドアが勝手に閉まるようで、もしドアに挟まれたら、それはあなたの注意不足、自己責任ですよ、と言われていうように聞こえる。

ドアを閉めるのは車掌さんの職務である。「ドアを閉めます。ご注意ください」と言うべきであろう。この種の表現が日常生活にあふれていることが、日本の政治文化における無責任体制の温床になっているのではないか。

さて、十年近くアメリカ生活をした新島襄は、明治の時代に、つとに日常生活に出現するこの種の無責任文化を指摘していた。生徒だった望月興三郎は次のような新島の発言を記憶している。

或時先生、余に向い、内の下女共がよく〈茶碗が破《わ》れました〉というて来るが、茶碗は決して自分で損するものではない。〈私が粗相しましたので破れました〉と断われば、自分の責任として謝するのであるが、只、茶碗が破れました、というと、茶碗が勝手に自滅したと報告するように聞えて、下女に責任のないようである、と謂《い》われたことがある。これは下女のみに応用すべき論理でない。（松浦政泰『同志社ローマンス』二五頁）

千年に一度という大地震と大津波によって、福島第一原子力発電所は脆くもメルトダウンした。それは人類の想定を超えた自然現象が原因のようにみえる。はたしてそうか。あの立地場所はもともと海抜三十五メートルの高台だった。そのまま建てていれば津波に耐えられたかもしれない。それを海抜十メートルにまで削ったのは、海水吸い上げの建設コスト削減のためであったという。正力松太郎、中曽根康弘が先導した原発導入の道程では、科学者の見解よりも実業界の要請が優先された。愕然とした湯川秀樹はほどなく原子力委員会を辞任した。

元通産官僚島村武久が記録保存を企画し、元原子力委員会委員伊原義徳が保持していた録音テープが放映されたが、当事者たちの証言では「当時、安全性の確保などは口にだせない空気であった」という（NHK、ETV特集「原発事故への道程」九月十八日・二十五日放送）。

（二〇一一年十一月二十二日）

新島襄関連略年表

西暦（元号）満年齢	新島襄とその周辺	一般
一八四三（天保14）0歳	旧暦一月一四日（新暦では二月一二日）、姉四人に続いて江戸神田一ツ橋の上州安中藩邸で生まれる。幼名は七五三太《しめた》。父は民治（安中藩祐筆）、母はとみ。祖父は弁治。	天保の改革の失敗により水野忠邦失脚
一八四七（弘化4）4歳	弟双六《そうろく》生まれる。	
一八四八（弘化5）5歳	父から習字のけいこを受け始める。	
一八五一（嘉永4）8歳	絵、礼儀作法を習う。	
一八五三（嘉永6）10歳	安中藩校（江戸）で、漢学・剣術・馬術のけいこを始める。	ペリー浦賀に来航
一八五四（安政元）11歳		日米和親条約
一八五六（安政3）13歳	藩主板倉勝明に抜擢され、田島順輔に蘭学を習う。	蕃書調所、講武所を設置
一八五七（安政4）14歳	元服して諱を敬幹とする。	
一八五八（安政5）15歳	これまで築いてきた勉学環境がすべて消失して絶望的になる。	
一八五九（安政6）16歳	御広間平番に登用されたが、かえって勉強時間がとれなくなり、意図的に職務をサボリはじめる。	
一八六〇（万延元）17歳	江戸湾でオランダ軍艦を見て、その威容に驚愕する。幕府の軍艦教授所（軍艦操練所）で数学・航海術を学ぶ。	咸臨丸アメリカへ出航

一八六二（文久2）19歳	眼病のために軍艦教授所を一時休学、のち退学。甲賀源吾の塾に入り、兵学・測量・数学などを学ぶ。翌年にかけて二カ月間、備中松山藩の洋式帆船快風丸で江戸から玉島（現、岡山県倉敷市）まで往復する。	
一八六三（文久3）20歳	英学を始める。『ロビンソン・クルーソー』（日本語訳）や『聯邦志略』、聖書物語などを読んで、アメリカ事情や「天父」を知る。	薩英戦争
一八六四（元治元）21歳	快風丸の函館行きを偶然知り、乗船工作を行う。航海術・兵学研究を名目に藩から十五両の修学料を下賜されて合法的に離藩し函館に行く。ニコライ司祭宅に移り住み、「脱国」の機会をうかがう。アメリカ商船ベルリン号（W・T・セイヴォリー船長）で密出国、上海でアメリカ船ワイルド・ローヴァー号に乗り換える。テイラー船長から「ジョウ」（Joe）と呼ばれる。	四国艦隊下関砲撃事件
一八六五（慶応元）22歳	七月二〇日、約一年の航海を経てボストンに入港。 一〇月、ワイルド・ローヴァー号の船主A・ハーディーと夫人の庇護を受けることになり、フィリップス・アカデミーに入学。	
一八六六（慶応2）23歳	一二月三〇日、アンドーヴァー神学校付属教会で洗礼を受ける。	薩長同盟
一八六七（慶応3）24歳	六月、フィリップス・アカデミー修了。 九月、アマースト大学に入学。	旧暦一二月九日、王政復古の大号令（新暦では一八六八年一月三日）

一八六八（明治元）25歳	七月一四日、アマースト大学を卒業。式で理学士（B.S.）の称号を受ける。	旧暦一月三日、戊辰戦争始まる 旧暦三月一四日、五箇条の御誓文 廃仏毀釈運動
一八七〇（明治3）27歳	九月、アンドーヴァー神学校に入学。	
一八七一（明治4）28歳	三月二七日、弟双六死去、二四歳。 八月二二日、森有礼《ありのり》少弁務使（駐米公使）からパスポートと留学免許状が郵送される。	旧暦七月一四日、廃藩置県 旧暦七月一八日、文部省設置
一八七二（明治5）29歳	三月八日、ワシントンで岩倉使節団の田中不二麿文部理事官と会う。 三月九日、岩倉使節団に三等書記官心得、理事官随行として協力することが決定。 三月二二日、岩倉使節団副使の木戸孝允に初めて会う。 五月一一日、神学校を休学し、ヨーロッパ諸国の教育視察のため田中不二麿とともにニューヨークを出港。 一二月二六日、田中（翌年一月三日にベルリンから帰国）に出す報告書（のちに文部省から刊行された『理事功程』の草稿の一部）を脱稿。	旧暦八月三日、学制公布
一八七三（明治6）30歳	九月一四日、アンドーヴァー神学校復学のためにイギリス経由でニューヨークに戻る。	一月一〇日、徴兵令

一八七三(明治6)30歳		二月二四日、キリスト教禁止令を撤廃 八月、明六社結成の動き
一八七四(明治7)31歳	四月一四日、アメリカン・ボード日本ミッションの準宣教師に任命される。 七月二日、アンドーヴァー神学校卒業。 九月二四日、ボストンのマウント・ヴァノン教会で按手礼を受け、正規の牧師資格を得る。 一〇月九日、ラットランドで開催されたアメリカン・ボード第六五回年次大会の最終日に登壇して挨拶し、日本にキリスト教主義学校を設立することを訴えて、約五〇〇〇ドルの献金を得る。 一〇月三一日、サンフランシスコを出港(翌月二六日、横浜入港)。 一一月二九日、安中で家族らに一〇年ぶりに再会する。	一月一七日、民撰議院設立の建白書 九月二七日、田中不二麿文部大輔に就任
一八七五(明治8)32歳	一月二二日、大阪に赴任、アメリカン・ボード宣教師M・L・ゴードン宅に仮住まいする。 四月、京都を訪れ、旧都再興に尽力する槇村正直京都府大参事(後に知事)や山本覚馬京都府顧問らと面談。山本から学校を京都に「誘致」される。	二月一一日、大阪会議 二月二二日、愛国社結成

一八七五（明治8）32歳	六月七日、アメリカン・ボード宣教師J・D・デイヴィスとともに京都に山本覚馬を訪問。学校敷地として旧薩摩藩邸跡地を山本から譲渡してもらうことが決定。 八月二三日、山本覚馬と連名で「私塾開業願」を京都府に出願、九月四日、認可。 一〇月一五日、山本覚馬の妹八重と婚約する。 一一月二二日、京都府に対して、校内では聖書を教えないことを誓約する。 一一月二九日、デイヴィスならびに山本覚馬らの協力を得て、同志社英学校を京都府寺町丸太町上ルに開校。生徒八人、教師は新島校長とデイヴィスの二人。	六月二八日、讒謗律・新聞紙条令 八月、福沢諭吉『文明論之概略』
一八七六（明治9）33歳	一月三日、デイヴィス宅で山本八重と結婚式を挙げる。八月以降、「熊本バンド」が次々と入学。 九月一八日、英学校を旧薩摩藩邸跡地に移転させる。 一〇月二四日、女性宣教師A・J・スタークウェザーがデイヴィス宅で女子塾（京都ホーム）を開始。 一二月三日、自宅に京都第二公会を設立し、仮牧師となる。	三月二八日、廃刀令
一八七七（明治10）34歳	四月二八日、京都ホームを引き継いで同志社女学校を開校する許可を京都府から得る。	一月三〇日、西南戦争始まる 四月一二日、東京大学開校
一八七八（明治11）35歳	九月七日、自宅（「新島旧邸」として現存）を新築し、引っ越す。	

一八七九（明治12）36歳	六月一二日、同志社英学校第一回卒業式を行う。卒業生は「余科」（神学科）の一五名で、全員が熊本バンド。	九月二九日、教育令
一八八〇（明治13）37歳	四月一三日、いわゆる「自責の杖」事件。 五月、学園紛争で、徳富猪一郎（蘇峰）、河辺鍋太郎ら数名が退学する。 一一月一六日、医学校設立のために岡山に医療宣教師のJ・C・ベリーを訪ねる。	四月五日、集会条令制定 一二月二八日、改正教育令
一八八一（明治14）38歳		一〇月一二日、明治一四年の政変・国会開設の勅諭
一八八二（明治15）39歳	四月一七日、岐阜で遭難した板垣退助を大津に出迎え、見舞う。 一一月七日、同志社英学校を大学に昇格させる運動に着手。	一〇月二一日、東京専門学校開校 一一月、福沢諭吉『徳育如何』 一一月二八日、福島事件
一八八三（明治16）40歳		四月一六日、改正新聞紙条令 一二月二八日、徴兵令改正
一八八四（明治17）41歳	四月六日、保養のために神戸港から欧米旅行に出発（イタリア、スイス、ドイツ、ベルギー、オランダ、イギリスを経てアメリカへ）。 五月、山本覚馬と連名の「明治専門学校設立旨趣」（新島公義が執筆）と「同志社英学校設立始末」とが公刊される。	

一八八四（明治17）41歳	八月六日、スイスのサン・ゴダール峠を散策中、容体が急変、山頂のホテルで英文の遺言を書くが、その後回復する。 九月三〇日、ボストンに到着し、ハーディー夫妻らと再会する。	九月、加波山事件
一八八五（明治18）42歳	八月二九日、ハーディー家の別荘で自伝的手記『マイ・ヤンガー・デイズ』を完成する。 一二月一二日、アメリカから帰国し、一八日、同志社創立一〇周年記念会を挙行。	
一八八六（明治19）43歳	四月二一日、日本基督伝道会社第九年会にて日本組合基督教会設立。この年会で一致教会と組合教会の合併が発議され、教会合同運動が始まる（新島はこの合併に対しては、徳富蘇峰と意気投合して、執拗に反対を主張しつづけた。合同中止が決まったのは新島没後の一八九〇年四月八日であった）。 九月、将来の医学部のために同志社病院ならびに京都看病婦学校を設置。正式開業は翌年一一月。 一〇月一一日、仙台に同志社分校ともいうべき宮城英学校（翌年、東華学校と改称）を開校し、新島が校長に就任。	四月一〇日、森有礼文相諸学校令を公布
一八八七（明治20）44歳	一月三〇日、父民治死去、八〇歳。 八月一三日、札幌で静養中、A・ハーディー死去（七二歳）の知らせを受ける。	

一八八八（明治21）45歳	四月一二日、京都府知恩院に名士数百人を招いて、大学設立募金集会を開く。 七月二日、医師から心臓病による突然死の警告を受ける。 七月一九日、大隈重信外相邸に外務省要人が財界の有力者を集め、大学設立のための会合をもつ。席上、三万一〇〇〇円の寄付申し込みを受ける。 一一月一六日、「同志社大学設立の旨意」（徳富蘇峰が完成）を『国民之友』ほか全国の主要な雑誌・新聞に発表。	九月一七日、条約改正問題で井上馨外相辞任 大同団結運動
一八八九（明治22）46歳	五月八日、アメリカのJ・N・ハリスから理化学校設立のための第一回寄付（後日の寄付を合わせて通算一〇万ドル）を受ける。 八月、母校アマースト大学から名誉学位（LL.D.）を贈られる。 一〇月一二日、病気を押して大学設立募金運動のために関東へ出張。 一一月二八日、群馬県前橋で遊説中に発病。 一二月二七日、温暖な神奈川県大磯の旅館百足屋《むかでや》の離れで転地療養。	二月一一日、帝国憲法発布
一八九〇（明治23）	一月二一日から翌日にかけて、遺言を徳富蘇峰に口述筆記させる。 一月二三日、午後二時二〇分、急性腹膜炎で死去、四六歳一一カ月。	一〇月三〇日、教育勅語発布

一八九〇（明治23）	一月二四日、真夜中近くに遺体が京都の七条駅に到着。約六百人が出迎える。 一月二七日、同志社チャペル前のテントで葬儀。参列者は約四千人。生徒たちが棺を若王子山頂（現、同志社墓地）に運び、土葬する。当初は木柱の墓標であったが、一年後に石碑（墓碑名は勝海舟の筆による）に建て替えられた。

＊旧暦と表示したもの以外は新暦（太陽暦）による日付。なお、アメリカ船でボストンに向けて航海中の新島襄は一八六五年二月二五日（旧暦慶応元年一月三〇日）から新暦を使用している。

あとがき

新島襄との出会いについて一言すれば、大学院までの教育を東京で修了した私にとって、じつは新島襄に関する知識は乏しかった。ところが同志社大学法学部に就職し、しばらく経つと『新島襄全集』の刊行がはじまったのであった。全集をひもといてみると意外に新鮮で面白く、直感的に、同志社キャンパスに流通している新島イメージとは異なる等身大の人間としての新島襄を描けるのではないか、あるいはまた、幕末の日本を脱してアメリカ新大陸に飛び込んで十年も生活した人間、近代市民新島襄、を語るべきではないか、と考えはじめた。同志社にはこんな切り口の新島論を受けとめてくれる寛大さがあったのは幸いであった。

さて、同志社大学には「チャペルアワー」という宗教部（現在はキリスト教文化センター）が主催する時間割がある。開校以来つづいてきた学生、教職員を対象とするキリスト教の礼拝の時間である。この礼拝のスケジュールを知らせるのが「チャペルアワー案内」というパンフレットで、年六回（二〇〇八年からは年四回）発行されてきた。良質の紙を用い美しい版画で表紙を飾った少冊子である。

ところで今日の同志社においては学生間でも教員間でも、キリスト教に対する関心はうすく、なぜかクリスチャンでもない私に法学部の宗教主任（のちの宗教センター主任）の役職がよく回ってきた。そして一九九七年の新学期早々の宗教主任の会で、神学部の小原克博先生から、「チャペルアワー案内」に新島襄に関する短文を伊藤が書いてはどうかという提案がなされたことで、この執筆がはじまった。これは二〇一二年三月の定年を迎える時まで延々つづくこととなった。

「なるほど新島襄」の原稿を書くことは私にとって楽しい仕事であった。最初は新島襄を紹介するコラムとして書いていたが、回を重ねるにつれて新島襄が生きていたならば今の時代にどう反応しただろうか、と想像を膨らませながら、新島襄の言行を論じるようになってきたと思う。

その際、心がけたことは明治期の文章を、多くの読者に読みやすく表現をすることであった。新島襄の言説に忠実でありながらも、送りがなを改めたり、時には思い切って現代文に翻訳したり、逆に時代の空気を残すために古風なカタカナと平がな混じり文のまま残したりしてみた。それで正確な原文を知りたい方は、典拠を示しておいたので『新島襄全集』や、あるいはインターネット上に公開されている原資料（「新島遺品庫」で検索）で確認していただければと思う。

同志社での三十七年の研究生活は、「もの探し」の明け暮れであった。「資料」探しに「解釈」探し、そして読んだはずの文章の「置き忘れ」探し。その成果は、「発見」か「発明」か「確認」か、たんなる「自己満足」だったかも知れない。また大学での教育は「通訳業」でもあった。変わり易い日本語のせいで、幕末、明治どころか、昭和二十年代の文章ですら学生に通訳していた気がする。

出版に際して、執筆のきっかけを作ってくださった小原克博先生にあらためて感謝申し上げたい。また今回も奈良・柳生の里、萌書房の白石徳浩さんから甚大なご協力を得た。白石さんにお世話になるのは、これで三年連続、三冊目である。厚く御礼申し上げたい。

二〇一二年七月　京都御苑の緑を見下ろす研究室で日々を過ごした私学同志社に感謝をこめて

伊藤　彌彦

■著者略歴

伊藤彌彦（いとう　やひこ）

1941（昭和16）年，東京に生まれる。

国際基督教大学卒業，東京大学大学院修了。

同志社大学名誉教授。日本政治思想史。

著書・編著書

『日本近代教育史再考』（昭和堂，1986年）

『維新と人心』（東京大学出版会，1999年）

『のびやかにかたる新島襄と明治の書生』（晃洋書房，1999年）

『新島襄全集を読む』（晃洋書房，2002年）

『新島襄の手紙』（岩波文庫，2005年）

『明治思想史の一断面——新島襄徳富蘆花そして蘇峰』（晃洋書房，2010年）

『新島襄 教育宗教論集』（岩波文庫，2010年）

『未完成の維新革命——学校・社会・宗教——』（萌書房，2011年）

『自由な国の緘黙社会』（萌書房，2012年），ほか。

なるほど新島襄

2012年10月10日　初版第1刷発行

著　者　伊藤彌彦

発行者　白石徳浩

発行所　有限会社 萌《きざす》書房

〒630-1242　奈良市大柳生町3619-1

TEL（0742）93-2234 / FAX 93-2235

［URL］http://www3.kcn.ne.jp/~kizasu-s

振替　00940-7-53629

印刷·製本　共同印刷工業・藤沢製本

ISBN978-4-86065-068-1

伊藤彌彦著

自由な国の緘黙社会

判・上製・カバー装・280ページ・定価：本体1600円＋税

■自由なはずの「和の国」で気兼ねと保身から口を噤む人々。豊かなはずの「経済大国」でリストラの不安に怯える人々。崩れゆく中流社会のこれからを考えるためのヒントに溢れる諸論考や，日高六郎氏との未公刊の対談記録を収載。

ISBN 978-4-86065-065-0　2012年3月刊

伊藤彌彦著

未完成の維新革命 ――学校・社会・宗教――

A5判・上製・カバー装・280ページ・定価：本体3000円＋税

■多事争論」を謳った明治の世が，いつしか「非国民」の声に戦々恐々とする「猜疑社会」の昭和に成り下がったのはなぜか。その諸相を，明治維新期における学校制度や宗教政策の策定過程およびその意味の精緻な分析により論究した刺激的書。

ISBN 978-4-86065-057-5　2011年3月刊

米原謙・長妻三佐雄 編

ナショナリズムの時代精神 ―幕末から冷戦後まで―

A5判・並製・カバー装・302ページ・定価：本体2800円＋税

■各時代のナショナリズム像をそれらが展開された言説空間の中で再現し，併せて，福澤諭吉・長谷川如是閑・橋川文三等のテクストを具体的な時代状況と関連づけて読み直し，そのナショナリズム観を描出。

ISBN 978-4-86065-052-0　2009年11月刊